A GUILLAUME
et MARIE-JULIE

Le plus difficile au monde est de dire en y pensant ce que tout le monde dit sans y penser.

Alain

INTRODUCTION

L'homme politique agit en fonction des idées qu'il croit juste pour le développement économique, l'équilibre social comme la place dans le monde de son pays. Il prend parti. Il propose et défend des thèmes ou des valeurs à partir desquels on le classera par rapport à d'autres projets.

L'homme politique a aussi, on ne doit jamais l'oublier, une fonction primordiale d'écoute. Il représente des électeurs. Il est leur porte-voix. C'est pourquoi, avant même de décider, l'homme politique doit savoir écouter ses concitoyens.

Telle est, en tous les cas, l'attitude constante que j'ai voulu adopter. Dans mon département de l'Isère, comme dans des réunions que j'ai pu tenir à travers la France, je me suis toujours efforcé d'écouter nos concitoyens parler. Pas seulement par souci légitime d'être efficace. Mais également parce que les faits de société tels qu'ils se manifestent « sur le terrain » me passionnent.

Or, depuis quelques années déjà, les Français s'interrogent à propos de l'immigration. Le sujet à l'évidence divise, inquiète et suscite des débats pour le moins contradictoires. La question de l'immigration préoccupe en fonction de critères très personnels, quel que soit l'âge, la profession, ou le lieu d'habitation. Les Français se montrent ici partagés en raison de leurs réactions face à des situations précises dans la vie quotidienne ; et non pas par idéologie puisque en règle générale on souhaite maintenir le principe de notre capacité d'accueil. Tout en se montrant passionnés par le problème, les Français n'en restent pas moins perplexes : Comment sur l'immigration concilier un souci traditionnel de justice avec la nécessaire adaptation de notre économie et de notre société à la crise ? Le gouvernement, les partis, les administrations régionales ou communales : nul n'échappe à cette grave question.

Chargé au Rassemblement pour la République d'une mission de réflexions sur ce thème, j'ai eu l'occasion d'affirmer mes convictions qui, s'il fallait les résumer, tiennent dans une formule sans ambiguïté : ni racisme, ni laxisme. Maintes fois, j'ai souligné aussi que ce problème, par ses composantes à la fois sociales, éthiques et culturelles, se révèle difficile à résoudre et ne saurait se satisfaire de slogans réducteurs.

Mais les propositions politiques concernant les immigrés, fussent-elles originales et constructives, doivent tenir compte de la réalité, cette réalité que le Français vit au quotidien. Parce que le problème demande à l'évidence la réaffirmation de valeurs morales, on oublie parfois de faire preuve d'un pragmatisme essentiel. On avance souvent des solutions avant même d'avoir entendu ses concitoyens parler. Mais au fait, que disent les Français à propos de l'immigration ? Leurs avis sont-ils unanimes ou très différents les uns des autres ? Comment perçoivent-ils les étrangers ? Et d'ailleurs, qui est « étranger » pour eux et pourquoi ? Dans quelle mesure l'accueil réservé aux immigrés dépend-il d'une situation économique difficile caractérisée notamment par le chômage ? Plus généralement, quelles initiatives en ce domaine sont suggérées et quels principes fondamentaux paraissent nécessaires à défendre coûte que coûte ?

A toutes ces questions et bien d'autres, je crois qu'il est capital de répondre. Il faut sans œillères regarder tout simplement les Français dans leur vie de chaque jour et savoir comment ils réagissent. Il faut leur laisser la parole plutôt que d'affirmer immédiatement des certitudes. Bien sûr, il existe de nombreux sondages dont les résultats commentés ont pu alimenter le débat politique. Mais aucune étude n'envisage le rapport entre les Français et les immigrés d'un point de vue qualitatif tel qu'il est vécu au jour le jour. Voilà pourquoi il a été demandé à la COFREMCA une enquête sociologique approfondie auprès d'un échantillon important et représentatif de la population française. Il s'agissait de comprendre comment l'immigration est perçue aujourd'hui ; comment elle est vécue dans le cadre de la crise économique ; quels affrontements latents elle fait apparaître aussi bien du point de vue religieux que dans celui des relations internationales ; et enfin quel avenir semble pour les Français souhaitable et possible avec les immigrés. Bref, à travers une enquête de ce type, jamais réalisée dans cet esprit jusqu'à

présent, il s'agissait de voir les Français s'exprimer
et réfléchir sur une question qui les préoccupe. En
d'autres termes, il fallait communiquer. Et l'on
verra justement qu'avec l'immigration le point
décisif c'est la communication, la capacité ou non
de comprendre l'autre. En ce sens, qui ne perçoit
qu'il y a là beaucoup plus qu'un enjeu politique où
l'on ne peut pas s'impliquer de façon personnelle ?

La vraie « cohabitation », au sens fort et non
conjoncturel du mot, n'est-elle pas là ? Mais
commençons par écouter les Français s'exprimer.

PREMIÈRE PARTIE

DES DISCOURS A LA RÉALITÉ

Les petits faits inexpliqués contiennent toujours de quoi renverser toutes les explications des grands faits.

Paul Valéry

Il y a ce que les hommes politiques disent et ce que les Français entendent. Il y a ce que les Français attendent et ce que les hommes politiques promettent.

La perception que les Français ont du discours politique est loin de coïncider avec la crédibilité qu'ils accordent à ceux qui les prononcent. Un sondage d'opinion (1) réalisé en octobre 1985, à quelques mois de la campagne des élections législatives, est à cet égard révélateur. Evaluant l'approbation que suscitent les thèmes des grandes formations politiques et la sincérité de leurs leaders aux yeux des Français, il témoigne d'une méfiance évidente du peuple français vis-à-vis des représentants qu'il élit.

(1) Sondage IFOP/LIBÉRATION

LES FRANÇAIS
FACE
AUX DISCOURS POLITIQUES

Les Français déclarent ne plus croire ce que leur racontent les hommes politiques. Leur scepticisme se fonde sur les déconvenues et les déceptions souvent provoquées par des engagements sans lendemain. Le discours politique apparaît depuis lors comme éloigné des réalités, inapte à répondre aux véritables questions posées par la conjoncture. Là où les Français attendent une approche concrète des problèmes qui les touchent quotidiennement, des propositions conformes à leurs préoccupations fondamentales, ils affirment n'entendre proclamer que de grandes idées, de bons sentiments, ne percevoir que des promesses jamais tenues, des affirmations d'ordre idéologique, des polémiques partisanes reflétant des luttes intestines qui ne les concernent pas. Tout se passe comme si le discours politique se superposait à la réalité sans en épouser les aspérités, pour en renvoyer une image simplifiée, vide de contenu, destinée à tromper son monde.

La banalisation du discours politique au travers des médias contribue à accentuer encore le décalage entre des mots sans cesse répétés et une réalité toujours inchangée. Ce martelage de formules convenues, diffusées sans relâche par la radio, la télévision ou la presse quotidienne, prête à une dérision parfois cruelle : en témoigne la popularité d'imitateurs comiques comme Thierry Le Luron, ou des marionnettes plus vraies que nature du Bébête Show de Stéphane Collaro (que dire de l'impatience du public à l'annonce de l'entrée en scène dans ce show des deux nouveaux larrons « Crabe Zuky » et « Fafa l'écureuil » ?).

La télévision a familiarisé les Français avec la scène politique et ses acteurs, mais a fait naître paradoxalement l'idée d'une politique-spectacle relevant d'un monde de la représentation où le simple citoyen a grand peine à retrouver les « choses de la vie ».

Les Français ont beaucoup de mal à imaginer les hommes politiques comme des Messieurs Tout-le-Monde. Les quelques tentatives que ceux-ci ont menées pour bousculer le cadre habituel dans lequel ils s'adressent à leurs concitoyens semblent ne pas avoir convaincu le public : « s'installer » chez l'habitant (soirées « au coin du feu ») ou dévoiler son chez soi (par exemple sur TF1 dans la récente émission « Questions à domicile ») par le truchement du petit écran apparaît aux yeux des Français davantage comme un artifice, une volonté de « faire vrai » contrastant avec le caractère quelque peu figé des propos tenus. Non que l'intimité d'un dialogue personnalisé soit à priori rejetée. Mais le naturel que l'on attendrait de telles mises en situation, là encore, semble se diluer dans une sorte de mise en scène.

La distance se creuse alors entre le discours politique — qu'il reste traditionnel ou s'essaye à faire peau neuve — et les véritables aspirations de l'opinion.

Pourtant, les Français ne refusent pas aux hommes politiques l'initiative des solutions : au contraire, ils attendent d'eux des propositions concrètes, mais qui soient adaptées à leurs problèmes. Bien entendu, cela suppose une écoute et une juste appréciation de leur quotidien, ce qui est difficile à envisager puisque les hommes politiques donnent l'impression de rester confinés dans une sorte de cage dorée et de ne pas se mettre au niveau du simple citoyen. L'enquête annuelle réalisée par la COFREMCA (1) montre que 47,5 % des Français se disent « révoltés », et 35 % « choqués » que les dirigeants ne sachent pas prendre en compte les besoins du pays. Bref, ils veulent qu'on les comprenne, et qu'on agisse en conséquence. Rétablir un véritable dialogue : c'est la condition même de la crédibilité de toute politique.

Les Français n'hésitent pas à admettre la complexité des grandes questions qui se posent à la société, dès lors qu'elles leur sont exposées dans un souci d'information objective et exhaustive, sans passer sous silence ce qui, pour des raisons idéologiques ou politiciennes, pourrait sembler gênant.

Or, plutôt que d'annoncer franchement « la couleur », la classe politique leur semble davantage

_____

(1) Enquête « 3 S C » menée par la COFREMCA sur un échantillon représentatif de 2 500 Français de 15 ans et plus. 1985. cf. Annexe 1.

soucieuse de ménager la chèvre et le chou, d'éluder les problèmes qui dérangent et de différer les décisions urgentes.

Qu'il s'agisse du chômage, de la crise, des conditions de travail, de la formation des jeunes, de l'école, du logement ou de toute autre préoccupation majeure, ils ont le sentiment que les propos des hommes politiques sont désincarnés, lacunaires, sinon mensongers. Les Français ont toujours eu le verbe vif pour qualifier l'action des hommes politiques confrontés aux problèmes cruciaux de la société. Et, en période de crise, ils ne sont pas particulièrement enclins à l'indulgence, le pouvoir politique leur servant bien souvent de bouc émissaire. Mécontentement, déceptions, critiques acerbes, cette « râle » à la française, qui se manifeste par une attitude désabusée à l'égard de la classe politique, traduit paradoxalement l'intensité d'une attente. L'attente très précise, et d'autant plus impatiente, d'un déblocage des situations. Dans un contexte propice aux affrontements, aux divisions, aux aigreurs de toutes sortes, les Français espèrent qu'on les mobilise sur des thèmes et des actions qui les sortent du marasme où ils semblent se perdre.

Ils manifestent une attitude pour le moins ambiguë : d'une part, ils semblent toujours prêts à fustiger la classe politique, son aveuglement, ses privilèges et ses discours vains ; mais d'autre part, ils semblent tout attendre des hommes politiques et ils voudraient que par leur intermédiaire l'Etat prenne en charge les moindres problèmes de la vie quotidienne. Bref, ceux-là mêmes qui sont sévèrement critiqués restent perçus comme des intercesseurs indispensables.

L'immigration est le thème par excellence où l'on décèle de façon spectaculaire la désaffection à l'égard des hommes politiques, en même temps qu'un espoir de voir régler par ceux-ci des questions si délicates.

Sujet tabou s'il en est, mis brusquement à l'ordre du jour depuis les élections municipales de 1983, il s'est révélé être le point crucial des grandes inquiétudes des Français dans une conjoncture économique et sociale marquée par les incertitudes. L'action des politiques est ici particulièrement attendue : on espère d'eux suffisamment d'autorité et de courage pour agir et bousculer les obstacles et les écueils.

Or, les analyses qu'ils proposent, les solutions qu'ils avancent sont perçues comme bien timorées en regard de la gravité du problème. Elles ne font que renforcer le divorce entre des préoccupations jugées politiciennes et des craintes réelles touchant à la vie de tous les jours.

Discours édulcorés, démissions, propos démagogiques, gênes, silences, non-dits : tous les Français semblent s'accorder pour qualifier l'attitude de la classe politique face aux problèmes quotidiens que pose la présence des étrangers en France.

Les hommes politiques songeraient surtout à ne choquer personne, à ne pas mécontenter leur électorat, opposition et majorité paraissant se rejoindre dans l'attentisme et le laisser-faire. Qui, par exemple, ne reconnaît pas les difficultés de cohabitation que crée le surnombre des étrangers ?

Mais personne ne veut parler clairement de « seuil de tolérance » : d'un côté, on se bouche les oreilles, de l'autre en vertu de certaines valeurs bourgeoises et chrétiennes, on se sent mal à l'aise. On préfère utiliser, à l'instar d'Alfred Muller, maire de Schiltigheim, des formules comme « éviter la surdensification » (1) dont le technocratisme affiché témoigne en réalité de la réticence à appeler les choses par leur nom : on s'en tient à des déclarations d'intention, mais on se garde bien de s'octroyer les moyens d'une politique réaliste.

Le flou et l'abondance des discours traduisent paradoxalement dans l'esprit des Français, l'importance de l'enjeu électoral que signifie l'immigration. C'est un des premiers points sur lesquels porte la critique des Français interrogés : les hommes politiques en parlent beaucoup, « mais uniquement pour avoir quelques voix de plus », dit avec désenchantement ce cadre commercial de quarante-cinq ans, ajoutant : « les leaders politiques ont peur de perdre un électorat important en s'occupant de la question ». Les projets politiques des uns et des autres sont même qualifiés de « raccolage électoral », selon le mot d'un jeune informaticien aux PTT. Quant à Mme F., 36 ans, fondé de pouvoirs de sociétés familiales, elle s'indigne : « Ça me choque terriblement qu'on en fasse un cheval de combat ».

La méfiance des Français est d'autant plus grande que les hommes politiques, toutes tendances confondues, donnent l'impression d'être au

(1) Cité par Marie Muller in *Le Nouvel Observateur*.

courant des problèmes, mais de ne pas savoir ou de ne pas vouloir agir. Des réflexions comme « ils n'ont pas l'air fixé sur la question », ou, « dans l'opposition on parle beaucoup, mais personne ne fait rien », « à gauche, ça ne change pas grand chose » attestent du vide politique ressenti. On incrimine le « sectarisme » de la droite, la brutalité des positions extrémistes (campagnes xénophobes menées après les élections municipales de 1983), ou encore, le laxisme incohérent d'un pouvoir qui, s'il véhicule l'image d'une gauche toujours humanitaire, « n'est pas arrivée à faire mieux que la droite » et fait même « sourire » certains de « l'abandon des grands sentiments socialistes » (le regroupement familial, par exemple, réglementé de façon plutôt libérale par un décret datant de 1976, a d'abord été amendé par la gauche dans le sens d'un assouplissement, en particulier par la loi du 17.7.84 élargissant l'attribution de la nouvelle carte de résident valable dix ans : puis, en octobre 1984, le gouvernement socialiste fait machine arrière en modifiant la procédure d'accueil des familles d'étrangers dans un sens restrictif visant objectivement à mettre un coup d'arrêt aux regroupements familiaux).

Plutôt que de favoriser une analyse dépassionnée, seule à pouvoir déboucher sur des mesures rationnelles et concrètes, les hommes politiques paraissent dit-on prendre le train en marche, n'agir que sous la pression des événements afin de récupérer le problème à leur profit : incidents marqués par la xénophobie et le racisme (faits divers, « bavures » tragiques), ou, à l'inverse, manifestations anti-racistes.

Interrogés sur les prises de positions et les programmes des grandes formations politiques, les Français manifestent donc une certaine défiance à leur endroit, qui s'exprime par de l'ironie parfois teintée d'amertume. Quant aux positions extrémistes, elles ne recueillent que peu de suffrages. La xénophobie latente qu'elles véhiculent semble difficilement cadrer avec la volonté d'ouverture et de tolérance des Français (1).

Pourtant, chez ceux qui ne leur sont pas viscéralement hostiles — ils sont une minorité, répétons-le — on leur reconnaît une certaine force, celle d'avoir su exprimer la gravité des problèmes qui se dessinent à l'avenir, ou, plus simplement, celle d'avoir dit tout haut ce que beaucoup pensent tout bas : « On crie au tollé général, mais il a été dit des choses de bon sens que même les gens de gauche finiront par accepter », avance Mme F., qui s'affiche nettement dans l'opposition et défend des valeurs traditionnelles liées à son milieu (famille bourgeoise et catholique de province), mais refuse le racisme et les préjugés. Elle justifie la montée des positions extrémistes par une « réaction à un laisser-faire », réaction somme toute « positive », parce qu'elle fait « réagir, tout en restant minoritaire, et de ce fait peu inquiétante ». Si, pour certains l'extrême-droite « affiche ses idées », « a le courage de soulever les vrais problèmes », bref, est la seule « à oser dire quelque chose », ses excès n'en éveillent pas moins un malaise sensible : « On

(1) Rapport « 3 S C » 1985

ne peut quand même pas tous les renvoyer chez eux », dit Françoise, hôtesse de l'air, dont les sympathies vont à l'opposition. Et même M. D., quarante-cinq ans, cadre célibataire se situant « dans l'opposition en général » et que le « courage » de l'extrême-droite porte à « voter pour elle aux prochaines élections », même lui avoue ne pas aimer les extrémistes et craindre leur entourage.

Mais c'est un fait, et Pierre Schiele, sénateur-maire de Thann s'en irrite, « J'en ai assez que l'extrême-droite soit la seule à en parler. Elle a proposé au Premier Ministre d'organiser une conférence nationale sur l'immigration. Il faudrait en discuter à froid, d'une manière calme, pour trouver des solutions humainement accepta-bles » (1).

(1) In *Le Nouvel Observateur* 7 décembre 1984

RIEN N'EST TOUT BLANC,
RIEN N'EST TOUT NOIR

Le sentiment d'une aggravation des tensions et de la démission des grandes formations politiques face à une situation qu'il est jugé urgent d'aborder de front aurait dû faciliter l'adhésion à la proposition d'un grand débat populaire suivi d'une consultation nationale sous forme de référendum : en somme, laisser aux Français le soin de déterminer eux-mêmes les principes directeurs d'une politique spécifique à l'égard des étrangers en France.

Or, quelle est la réaction des Français lorsqu'il s'agit de se prononcer fermement sur les flux migratoires, l'expulsion des indésirables, le regroupement familial, l'accession à la nationalité, le droit de vote, la politique de l'emploi à l'égard des étrangers, la protection sociale ?

Lorsque M. D., qui n'est pas insensible aux problèmes de l'extrême-droite, pense qu'un référendum peut être une bonne chose en soi : « Je serais pour un référendum sur l'immigration. Il serait intéressant de savoir l'opinion des Français. On n'utilise pas assez ce moyen de communication », il semble avoir davantage en tête l'idée d'une information approfondie sur la réalité du

problème qui prenne en compte l'écoute de l'opinion.

Dans l'ensemble, toutefois, les réticences sont
grandes lorsqu'il s'agit de trancher par le vote une
question qui apparaît éminemment complexe et
dont on a conscience de n'avoir qu'une connaissance imparfaite, lacunaire : « Avant de pratiquer
un référendum, il faudrait que les gens aient une
très très bonne information ».

Le sujet semble trop grave pour être décidé
uniquement par les urnes : « C'est un truc trop
important pour que les gens mettent un bulletin
dans une urne », « moi, je ne vais pas voter un truc
pareil, c'est énorme » ; beaucoup ajoutent que ça
leur paraît « dangereux : si vous avez un voisin
Maghrébin qui vous importune, vous allez voter !
Pof ! Pour ça ! C'est grave, ils vont prendre leur
voisin pour bouc émissaire ! », ou encore :
« quand je vois qu'il y a 66 % des Français qui sont
pour la peine de mort... » — cette dernière réflexion étant révélatrice d'une mise en garde des
Français contre eux-mêmes : voter contre la peine
de mort consiste à exprimer un principe moral et
n'exige pas de se mettre à la place du condamné,
qui a statistiquement peu de chances d'être un
voisin.

En revanche, les immigrés font partie de la vie
quotidienne. L'immigré, c'est aussi l'Arabe de
l'épicerie voisine, le restaurateur asiatique d'en
face, la femme de ménage, la concierge portugaise
ou marocaine, le copain du fils. Voter, ici, ce serait
décider de la vie d'un voisin avec lequel on
entretient peut-être des liens. Il est significatif,

dans l'étude réalisée par la COFREMCA, que
M. D., la personne la plus favorable à un référendum sur l'immigration (« Je suis pour... ») soit
justement celle qui n'a aucun contact personnel, ni
dans la vie quotidienne, ni dans le travail, avec les
immigrés : « Les étrangers ? On n'en souffre pas
dans le quartier. Des gens de passage. Hôtel
Bristol, haut niveau... Je suis assez sensibilisé au
problème, sans le côtoyer dans mon travail ».

Au café du coin, les Français pratiquent volontiers la généralisation hâtive. Mais lorsqu'on les
amène à se prononcer sur la présence des étrangers
en France, ce sont à des réalités concrètes qu'ils
font appel, avançant des expériences qu'ils ressentent comme exemplaires tout en se gardant bien de
généraliser. Ils utilisent des stéréotypes, mais souvent pour aussitôt en limiter la portée. Et si pour
certains, l'idée d'un vote sur l'immigration peut
paraître dès l'abord séduisante, à la réflexion, la
conscience de se prononcer sur un sujet d'ordre
général dont ils n'ont qu'une approche individuelle
les fait reculer. Ainsi s'expliquent certains revire-
ments spectaculaires : « Un grand référendum ?
Oui, absolument » dit Françoise, hôtesse de l'air et
quelques instants plus tard : « On ne peut même
pas proposer de faire un vote » !

Tout se passe comme si le geste personnel du
vote redonnait chair aux immigrés, qui dès lors
n'apparaissent plus comme une population à problèmes, mais comme des individus — voisins, amis
parfois — à l'égard desquels personne ne veut avoir
à dire qu'ils sont indésirables en France : « C'est
comme tout, on veut que beaucoup partent, mais

on ne le veut pas quand ce sont des individus », dit François, courtier maritime, ou encore Madeleine, gardienne d'immeubles « moi, j'ai beaucoup d'a- mis étrangers, mais je ne leur dis pas qu'il faut qu'ils partent ! ».

Car, après tout, ces étrangers que l'on côtoie tous les jours, qui vous rendent aussi service (« je vais chez l'arabe du coin : horaires beaucoup plus ouverts, très sympas »), ces étrangers avec lesquels on vit plutôt en bonne intelligence, dont on recon- naît généralement l'utilité en France et dont on apprécie la volonté de travailler et de vivre paisi- blement, ces étrangers, enfin, qui font partie de notre paysage familier, a-t-on réellement envie de les voir partir ? « Si les étrangers n'étaient pas là, qu'est-ce qu'on aurait de plus ? Des écoles ? Du travail ? Est-ce qu'on serait plus heureux ? » (François).

Tout se passe comme si les Français s'accor- daient le droit de ressentir quelque irritation à l'égard des étrangers — dans un contexte économi- que peu sûr et marqué par la crise, la présence en nombre des étrangers provoque parfois d'inévita- bles frictions —, mais à condition que cela ne porte pas à conséquence, les réactions affectives ne devant pas obscurcir leur propre réflexion. L'immi- gration est un problème dont on perçoit la complexité, qui exige, certes, des solutions mais que l'on se sent incapable d'imaginer personnelle- ment. Aveu d'incompétence — « Je n'ai pas fait l'ENA, moi ! » avoue Philippe, contrôleur aux impôts.

Difficile, en effet, de se prononcer sur un sujet

que l'on ne maîtrise pas et sur lequel on ne dispose pas de l'information nécessaire.

Irresponsables, les Français ?

Paradoxalement, le refus du référendum traduit au contraire une maturité politique marquée par une perception aiguë des responsabilités. La technique du référendum, disent-ils, ne permettrait que des simplifications abusives : « Rien n'est tout blanc, rien n'est tout noir. Ce n'est pas comme en informatique, ou zéro, ou un. Alors dire oui ou non... » (François). Fort opportunément, les Français retrouvent alors le sens de la délégation : « chacun à sa place, ce sont les politiques qui détiennent les moyens de trancher, c'est à eux qu'incombe la responsabilité de la prise des décisions : un référendum ? Ce serait une dilution de responsabilité » (François, toujours).

Vécue dans la diversité du quotidien, l'immigration est perçue comme un problème de conscience individuelle, non de structure ou d'institution. Organiser un référendum sur ce thème n'aurait pas plus de sens que de « statuer par les urnes sur le sort des femmes ou des homosexuels ».

Cette réflexion de Mlle R., vingt-quatre ans, Française d'origine algérienne, traduit une intuition très fine de la complexité de la question, qui ne peut se traiter en tant que telle, mais implique l'évolution globale d'un système de représentations contraignant où la différence est une valeur qui n'a pas encore sa place. Au reste, comment s'étonner du refus des Français de se prononcer en un domaine où certains hommes politiques avouent ne pas être en mesure de juger des décisions prises ?

M. Alphandery, Professeur d'économie et Député, déclarait (1) « Je me garderais bien de formuler un jugement sur un dossier que je connais aussi mal, quand autant de problèmes sociaux interfèrent. Il faut un grand doigté pour traiter de la question. »

Bref, les Français critiquent la démission des hommes politiques. Conscients de la complexité du problème, ils refusent une consultation électorale sur des mesures qui sembleraient à la fois injustes et impuissantes à régler les vrais questions. Ils s'écartent pour la plupart des propositions extrémistes, de crainte d'avoir à participer à des actions répressives à priori rebutantes. Mais, bien que déclarant que les hommes politiques ne font pas ce qu'il faut, c'est à eux qu'ils délèguent le soin de trouver des solutions.

(1) In *Libération*, 12 novembre 1984.

UNE CERTAINE IDÉE
DE LA FRANCE, RÉALISTE

Les Français sont réalistes : l'immigration est à leurs yeux un problème difficile à trancher, qui non seulement met en cause le sort d'individus, mais engage aussi une certaine idée de la France, terre d'accueil, et de son rôle à jouer face aux disparités mondiales.

Problème difficile, ou problème impossible ? Car des remèdes, il y en a. Mais les Français, qu'ils suggèrent des palliatifs à court terme ou envisagent des traitements à long terme, s'interrogent sur la légitimité des uns et l'efficacité des autres. La réalité, complexe, mouvante, insaisissable, ne leur laisse entrevoir que des ébauches de solutions.

Dans l'immédiat, le renforcement des contrôles recueille l'assentiment général : l'immigration sauvage, on n'en veut plus. La crise économique et le chômage servant de justificatif à une limitation des entrées : « Il faut un renforcement des contrôles aux frontières, maintenant, il faut limiter sinon les gens qui n'ont pas de travail le ressentiront comme un affrontement », constate un jeune technicien, pourtant spontanément ouvert aux différences. La référence à l'Allemagne, symbole d'une certaine réussite économique, et à sa politique face à l'immigration, vient du reste immédiatement à l'esprit de M. D., cadre commercial : « On aurait dû faire comme en Allemagne », regrette-t-il.

« France, terre d'asile ? Ça donne une aura. Et on se fait piéger. Les Allemands les ont virés chez nous, ils reviennent » renchérit Françoise, trente-huit ans, hôtesse de l'air.

Mais si quelques-uns adoptent des attitudes radicales (donner priorité aux Français), tous s'accordent pour rejetter des slogans tels que « deux millions de chômeurs, c'est deux millions d'immigrés en trop ». « C'est faux », s'indigne M. H. informaticien de vingt-quatre ans. Limiter l'immigration libérerait sans doute quelques emplois « 10 à 15 % peut-être », mais de l'avis général, « ce n'est pas le moyen de régler le problème. L'étranger, dans ce cas, c'est le bouc émissaire ».

Ainsi, le recours à une sorte de ligne Maginot contre l'immigration ne semble pas crédible : jugé inefficace sur le plan de l'emploi, le verrouillage des portes apparaît, en outre, irréalisable, voire illégitime aux yeux des Français confrontés à une situation qu'ils ressentent parfois comme inéluctable : comment empêcher, disent-ils, que des populations pauvres aient envie de vivre dans un pays riche ? « on est encore un pays riche », constate l'hôtesse de l'air qui se situe dans l'opposition. Et plus simplement : « Ils viennent en France parce qu'ils ont envie de bouffer, tant qu'on n'aura pas compris qu'ils sont pauvres, et qu'on est un pays riche... » explique Philippe, trente et un ans, fonctionnaire. Désir légitime d'une vie meilleure et désir si vivace que le protectionnisme semble souvent aux Français un combat perdu d'avance : en bonne logique, en effet, « ils sont pauvres, c'est normal qu'ils reviennent ».

Et rien d'étonnant, de ce fait, que « nos frontières soient des passoires », comme le souligne M. D., quarante-cinq ans, cadre commercial.

Dès lors, faut-il baisser les bras ? Si nous sommes impuissants à fermer nos frontières, pratiquons du moins un accueil sélectif, s'accordent à dire l'ensemble des Français interrogés : « Contingenter les autorisations de vivre en France, faire un dosage », préconise M. D., soucieux d'un apport avant tout qualificatif ; « on ne peut s'ouvrir à tout vent » pense aussi Mme L., jeune infirmière plutôt proche du partie socialiste, avant d'ajouter : « me protéger pour les protéger ». Il s'agit là d'assurer la sécurité de chacun, autant « la nôtre » que « la leur ». N'accueillir que si l'on peut offrir des conditions meilleures que dans le pays d'origine permet aussi, pense-t-elle, d'éviter l'exploitation des étrangers.

Libéralisme donc, mais libéralisme tempéré, qui passe par le refus d'un laxisme reflétant trop souvent une idéologie molle de la générosité : « Chez nous, on n'est pas répressif, on pardonne aux cas sociaux », constate François, trente-cinq ans, courtier maritime. « Et sous prétexte d'asile, on engendre des problèmes parce qu'on n'est pas assez strict », murmure-t-on dans les chaumières. La tolérance, lorsqu'elle ne s'appuie pas sur une certaine fermeté, fait souvent plus de mal que de bien : « Les grands sentiments, ça provoque le poing sur la table » ; juge Mme F., trente-six ans, fondé de pouvoir.

L'enfer est aussi pavé de bonnes intentions...

La loi française existe. Le contrôle des situations irrégulières, préconisé à une large majorité, n'en est qu'une application, que les Français estiment valable pour tous. Les vérifications d'identité, à leur avis, ne sont pas forcément abusives : elles permettent de débusquer les faux chômeurs, les faux étudiants, les agitateurs politiques, les fraudeurs à la carte d'identité. Elles permettent de limiter les situations illégales, considérées comme un germe de la délinquance.

Faut-il alors « bastonner », comme le préconisent certains, voire même « expulser les délinquants et les parasites » ?

Certains, tel M. D., n'hésitent pas à franchir le pas : « Tous ces loubards, je les reconduirais à la frontière. Ceux qui se font prendre, on les renvoie ». Et plus loin : « Je serais du type suisse : s'ils commencent à faire de la politique, dehors ! ».

Déclarations musclées qui restent, malgré tout, marginales, la répression brutale étant considérée par le plus grand nombre comme une solution simpliste : « C'est vrai que ce n'est pas avec les lois ou la trique qu'on changera quelque chose, ou alors on tire dessus », pense Bernard, vingt-cinq ans, employé dans les services hospitaliers.

En outre, même les plus intransigeants tempèrent leurs refus par une certaine modération : le rejet, explique M. D., c'est un moindre mal, mais il faut garder une certaine souplesse, éviter les solutions trop rigoureuses.

Ainsi, chez certains, l'inquiétude et l'irritation de ne plus se sentir chez soi portent à accepter des politiques radicales que l'éducation bourgeoise et chrétienne n'ont pas préparé à assumer de gaieté de cœur.

En effet, l'image d'une France terre d'accueil s'accommode mal de l'idée d'une politique coup-de-poing, d'une mise en carte brutale et sans discernement de tous les étrangers. D'une manière générale les Français rejettent unanimement les règlements tatillons et vexatoires : « Renforcer les contrôles sans pour autant être trop rigide, précise M. D., quarante-cinq ans, célibataire. Ils acceptent des contrôles d'identité justifiés par la présence de trop d'irréguliers, mais refusent, par exemple, de revenir sur le regroupement familial ; y porter atteinte mettrait en cause le droit de tout homme et de toute femme à mener une vie de famille normale.

A fortiori, les Français rejettent les comportements trop ouvertement policiers ou racistes. Contrôler, mais sans pour autant tomber dans l'excès inverse qui conduit, selon M. M., jeune informaticien, « au délit de sale gueule ». « Je suis pour des contrôles dans la rue, affirme Mme F. Cela dit, ajoute-t-elle, on peut rester poli... » Le souci de légalité ne se veut presque jamais synonyme de répression.

Les Français sont conscients que la présence des étrangers sert aussi au rayonnement de la France : « S'instruire et retourner chez lui, c'est parfaitement louable ! estime François, marié, trente-cinq ans, Qu'on paie des études, ça fait partie d'un

certain rayonnement de la langue et de la culture
françaises. » Ils reconnaissent aussi qu'il faut accepter les coûts induits par l'histoire : « Je ne vois
pas la possibilité de renvoyer ceux qu'on a. L'histoire, ça se paie. Colonies, besoins de main-
d'œuvre... Un être humain, ce n'est pas un kleenex
qu'on peut facilement jeter après usage » ; « sa-
chons éviter les erreurs du passé », souligne
Mme F., trente-six ans, mariée, opposition, fondé
de pouvoir : « Les Harkis, ça a été scandaleux de
les accueillir si mal. »

Certains pensent toutefois qu'une politique d'incitation au départ figure parmi les solutions possibles : « Pour le présent, les gens sont là, on peut les
inciter à partir. Mais c'est un problème », suggère
M. D. Quant à Mme F., elle avance une proposition plus précise : « Que les parents rentrent, et
que les enfants plus âgés continuent de faire des
études en France. A dix-huit ans, ils auront à
choisir : s'ils désirent rester Français, on peut
envisager de les garder avec un système de bourses
qui serait à étudier avec les ambassades ».

Aide à la formation et incitation au travail
figurent aussi en bonne place parmi les propositions avancées.

« Les jeunes qui ne font rien, il faut les occuper,
leur donner des petits travaux », suggère Yvonne,
employée à l'EDF ; éviter à tout prix le désœuvrement, perçu comme générateur de délinquance.

La formation est donc un corollaire inévitable : il
ne suffit pas, dans l'esprit des Français, d'occuper
les jeunes et les sans-travail, encore faut-il les
inciter à ne pas s'enfoncer dans le « parasitisme »,

en s'efforçant de « leur inculquer notre échelle de valeur, le goût de faire quelque chose », dit François, courtier maritime. L'école, lieu privilégié de l'apprentissage de « nos » valeurs, apparaît dès lors à certains comme une planche de salut : « Le vrai remède, avance Mme L., vingt-six ans, infirmière, serait une école intelligente », qui donnerait aux enfants, mais aussi aux plus âgés, les moyens de se débrouiller à l'intérieur de nos contraintes. Si cette évidence s'impose à tous, les moyens d'y parvenir semblent plus aléatoires : demander à un système éducatif qui a déjà grand peine à former le jeune Français d'aujourd'hui, qu'il prenne en charge une « population à problèmes » relève de l'utopie aux yeux des Français. Et pourtant...

Limitations, renforcement des contrôles, mais aussi rejet des mesures trop brutales ; espoir d'une solution au travers de l'éducation, mais aussi lucidité désabusée sur les capacités réelles du système éducatif en ce domaine : la valse-hésitation des Français traduit le sentiment général partagé par la plupart d'entre eux. Plutôt que d'un traitement de fond, ces différents remèdes relèvent de palliatifs destinés à améliorer un peu la situation dans l'immédiat, tout en sachant qu'ils sont, à terme, inefficaces. Les Français ont une impression d'impuissance face à un problème qui leur semble déborder largement du cadre national. Une jeune technicienne résume la situation en disant : « Il faudrait établir un contrôle sur les illégaux, inscrits au chômage sous un faux-nom, ou travailleurs au noir. Mais ils reviennent, comment faire ? ».

Nous voici donc presque ramenés à la case

départ : « ils » sont pauvres, et tant qu'ils le resteront, « ils » reviendront. « En l'absence d'une politique du Gouvernement, souligne un jeune fonctionnaire, il faut en revenir à la notion de pays pauvres et de pays riches... »

Le sentiment que le problème des immigrés s'inscrit dans une politique débordant largement nos frontières est en effet partagé par un grand nombre de Français. Mieux informés sur l'économie et la situation internationale par une diffusion toujours plus large de l'information, et en particulier de l'information télévisée, ils n'ont pas besoin de compulser d'épais volumes sur la question pour savoir combien sont déterminantes, aujourd'hui, les relations Nord-Sud : pays prospères d'un côté, attirant inexorablement, tel un miroir aux alouettes, les populations démunies des « pays du Sud ». Dès lors, la solution au problème leur paraît passer d'abord par la mise en place d'une « politique internationale » d'aide au développement des pays pauvres : faire en sorte que leurs habitants n'aient plus le besoin, pour vivre, de venir travailler chez nous, pays riches. « Il faut leur permettre de se débrouiller eux-mêmes » court comme un leitmotiv dans les déclarations de tous ceux que l'on interroge. « L'aide au tiers monde est essentielle, insiste un jeune technicien, avant de poursuivre : les accueillir en France c'est bien, mais les aider à vivre dans leur pays c'est à long terme le plus payant ». Réflexion particulièrement significative chez une personne se définissant elle-même comme un « Français moyen » très éloigné du profil d'un spécialiste de géopolitique...

Le développement des pays du tiers monde, grands pourvoyeurs de cette immigration de la misère, et l'aide que la France peut apporter dans ce domaine apparaissent donc comme une solution possible.

Mais c'est un rêve que l'on carresse et qui s'apparente à la chimère tant il s'inscrit dans une perspective lointaine. Les Français savent que les actions de politique internationale ne relèvent pas du coup de baguette magique et qu'il ne suffit pas de rêver d'un monde plus équilibré pour que s'effacent les disparités choquantes. L'utopie est très vite corrigée par la réalité, plus abrupte, et par le sentiment d'imminence de lendemains menaçants : « Un jour, j'ouvrirai ma fenêtre, il y aura 50 millions d'Ethiopiens... » augure tel jeune Français proche du parti socialiste. Toutes tendances politiques confondues, les Français ont surtout l'impression d'être profondément désarmés face à ce qui leur semble être un véritable péril : le déferlement des masses pauvres à la recherche d'un emploi et d'un mode de vie meilleur, qu'une France, elle-même en crise, ne sera peut-être plus en mesure de leur fournir.

Psychose d'invasion, ou sentiment aigu des affrontements potentiels qu'une telle situation contient en germe ? Les réactions des Français mettent surtout en évidence un désenchantement profond : l'avenir paraît sombre.

DEUXIÈME PARTIE

LES CHOSES DE LA VIE

Le désir du privilège et le goût de l'égalité, passions dominantes et contradictoires des Français de toute époque.

Charles de Gaulle

Les Français ne manquent pas d'imagination pour faire des hypothèses et des déclarations définitives sur tous les sujets.

C'est pourquoi, laissons la parole aux Français. L'important, c'est d'abord de les écouter.

Curieusement pour les Français, la question de l'immigration n'existe pas en tant que telle. « Il n'y a pas de problème des immigrés, comme un corps étranger, posé à la société française », dit Mlle R., 24 ans, d'origine algérienne. En réalité, l'immigration n'est que l'une des expressions d'un malaise plus profond à travers lequel l'ensemble de notre société, de ses structures et de ses institutions se trouve remis en cause. L'étude menée par la COFREMCA le montre bien. Un sondage (1) effectué sur un échantillon de 2 500 Français âgés de quinze ans et plus révèle que parmi les tendances observables aujourd'hui dans notre pays, le développement du racisme et le surnombre des immigrés dans un contexte de crise économique n'apparaissent respectivement qu'aux sixième et

(1) Rapport « 3 S C » 1985 cf. Annexe n° 1.

huitième rangs des thèmes susceptibles de choquer
ou de révolter. En revanche, la recrudescence de la
violence, le chômage et le manque d'avenir pour
les jeunes occupent les trois premières places.

Quand on réunit un groupe représentatif de
Français pour débattre en commun de l'action
prioritaire des hommes politiques, on obtient à cet
égard des réactions très significatives. Interrogés
sur les grandes questions qui, en dehors des
problèmes économiques, conditionnent l'avenir de
la France, personne ne répond spontanément : les
étrangers, la question de l'immigration, la cohabitation avec des modes de vie ou des cultures
différentes. Est-ce à dire que les nombreuses prises
de positions récentes à propos de la marche des
Beurs, de la Fête de la Concorde, de la Nouvelle
Calédonie ou surtout des campagnes menées par
l'extrême-droite en matière d'immigration quelques mois avant les élections législatives n'ont pas
trouvé d'écho chez les Français ? Non bien sûr. Les
Français sont extrêmement sensibilisés au problème de la place des immigrés en France. Cela les
touche de très près. Cela concerne directement
leur quotidien. Cela éveille des peurs, des sursauts
épidermiques ou, à l'inverse, des indignations, des
révoltes, même contre ses propres intolérances.
Personne n'y reste indifférent. Mosaïque de réactions émotionnelles qui reflète l'incapacité des
Français à circonscrire le problème et à lui trouver
un cadre spécifique. Car toute la difficulté est là.
D'un côté, personne ne cite nommément l'immigration dans la liste des priorités qui déterminent
l'avenir de la France. La démographie, la sécurité

dans les villes, la communication avec « les gens », la diffusion et la modernisation de la culture, l'information, son objectivité et ses choix, la crédibilité et l'action des hommes politiques, le logement et l'école ont, dans un ordre décroissant, été jugés par les personnes interrogées comme les questions déterminantes et qui nécessitent la plus grande attention du pouvoir politique. Mais d'un autre côté dès qu'il s'agit précisément de débattre de la présence des étrangers sur le territoire national, plusieurs personnes affirment que ce problème constitue aussi une priorité : Ainsi, si l'immigration apparaît d'abord comme une affaire secondaire, voire cachée — sans doute parce qu'elle entraîne de nombreux malaises freinant l'expression, — elle se révèle en définitive une préoccupation majeure qui rayonne en étoile sur un ensemble de valeurs constituant les fondements même de l'identité culturelle des Français. Dès qu'on aborde ce problème, on fait référence à la sécurité, au travail, à la citoyenneté, à la culture, aux droits de l'homme, à l'école, etc. — bref, à tout ce qui constitue l'essentiel des interrogations que la société se pose à elle-même. Dans son livre paru récemment, Jean-Pierre Moulin (1) observe, à propos des Français qui lui ont fait part de leurs expériences et de leurs relations avec les étrangers vivant dans l'Hexagone : « Au-delà de leur réaction, transparaissait toujours comme une interrogation sur eux-mêmes et sur la France : — Qui

_____

(1) Jean-Pierre Moulin — Enquête sur la France multiraciale.

suis-je ? Que devient mon pays ? Que suis-je si *l'autre*, l'étranger, se maintient dans son altérité ? N'enlève-t-il pas à l'ensemble français un peu de sa pureté ontologique, de sa masse spécifique ? A moi-même de mon identité ? »

UN SENTIMENT : LA PEUR

De telles remises en question naissent toujours de l'angoisse. Et c'est vrai que les Français ont peur. Tous les sondages le confirment, ils se sentent menacés par une situation sociale, économique et internationale, peu faite, avouons-le, pour rassurer. Dans ce contexte, la présence des étrangers sur le sol français joue le rôle d'un catalyseur de ces peurs, avive des frayeurs, alimente les fantasmes, et débouche parfois sur de très regrettables excès dans l'expression et les prises de positions. Faut-il en conclure que la xénophobie et le racisme, dont on a constaté partout la montée, risquent de déferler sur la France ? Car l'étude de la COFREMCA (1) confirme la tendance : en onze ans, la tolérance à la diversité des genres de vie a diminué. Si en 1975, 61 % des Français interrogés trouvaient « tout à fait ou assez sympathique que des étrangers puissent continuer à vivre en France un peu de la même manière que chez eux », ils ne sont plus, en 1985, que 47 % à être de cet avis. Là encore, avant de

(1) Rapport 3 S C 1985 - cf. Annexe n° 2

tirer des conclusions hâtives à partir de chiffres
demandant à être maniés avec précautions, écoutons les Français s'exprimer sur les motifs réels de
leur peur.

L'insécurité est un sentiment qui taraude l'opinion de manière assez constante depuis une dizaine
d'années. Un sondage de la COFREMCA (2),
réalisé régulièrement de 1975 à 1985, montre que
75 % des Français, en moyenne, jugent « qu'il y a
trop de désordre dans la société française » et
qu'« il est temps de reprendre les choses en
mains ». La sécurité, en particulier dans les
grandes concentrations urbaines, n'est donc pas
une préoccupation nouvelle. Elle s'appuie sur un
certain nombre de réalités vécues chez les Français
de façon contradictoire.

La première atteinte à la sécurité, lorsqu'il s'agit
d'immigration, c'est l'impression de n'être plus
« chez-soi » lorsque le nombre d'étrangers devient
par trop voyant. Le phénomène ghetto est appré-
hendé visuellement par la multiplication d'étrangers dont la couleur de peau et les vêtements sont
différents. A Paris, par exemple : « Tati, Pigalle,
c'est Alger, le XIIIᵉ, c'est aussi un ghetto », dit
M. D., célibataire de quarante-cinq ans, certaine-
ment le plus hostile aux étrangers parmi les personnes interrogées. Un trop-plein de « pas
pareils », voilà la grande peur, l'agression primaire : « C'est vrai qu'il y a des quartiers, c'est la
folie », s'exclame Philippe, trente et un ans,
contrôleur aux impôts, « à Barbès, on n'a pas

(2) Rapport 3 S C 1985 - cf. Annexe nº 3

l'impression d'être à Paris », « j'habite le XXe »,
explique Michèle, trente-sept ans, mariée avec
deux enfants, « un quartier assez chaud, il y a
beaucoup de Maghrébins, de Noirs, et je me sens
agressée en permanence, même si je ne le suis pas
réellement. Je ressens une insécurité permanente
quand je vais faire les courses, chercher ma fille à
l'école. J'ai ce sentiment vis-à-vis de ces gens-
là... ». Ou bien encore Bernadette, jeune femme
clerc de notaire de vingt-huit ans : « On est des
étrangers à Barbès ! ». Quartiers « voyoutés »,
comme les définit Bernard, vingt-six ans, blanchis-
seur à l'hôpital Saint-Anne, investis de toutes les
tares du milieu — « du côté de Barbès, c'est
vraiment la pègre », s'indigne Yvonne, standardiste à EDF —, sortes de repères de la peur où il ne
fait pas bon s'aventurer : « A Barbès, c'est agréa-
ble tant qu'on ne prend pas un coup de couteau
quelque part », dit Philippe, qui ajoute : « J'y suis
moins en sécurité que dans le XIIIe ou le XVe ».
« Et Bernard de renchérir : « J'y ai piqué plusieurs
fois des petits sprints. Donne-moi cent balles, on
dit non, il sort un couteau, vaut mieux courir. »
Ces quartiers où résident de fortes communautés
étrangères, « Chinatown », Barbès ou « La Goutte
d'Or » à Paris, mais aussi les « Minguettes » à
Lyon, ou les ZUP du Nord de Marseille, sont
perçus comme des enclaves relativement struc-
turées aux mœurs peu recommandables et qui
échappent au contrôle des autorités. « Barbès,
c'est la drogue, la prostitution, et puis les Japonais
ou les Chinois, c'est pas mieux dans le XIIIe »,
constate Bernard ; « les Antillais, c'est le trafic de

drogue, il y en a plein près de chez moi dans les HLM », raconte Françoise, hôtesse de l'air, qui habite le XIIIe arrondissement ; « Il y a les Sri-Lankais, aussi, ils sont discrets mais font de la drogue », ajoute Madeleine, gardienne d'immeuble. A quoi conclut François, courtier maritime de trente-cinq ans : « C'est un problème de nombre, un microcosme au sein d'une ville ».

Ces « guettos impénétrables », selon l'expression de M. D., cadre commercial dont la tolérance à l'égard des étrangers n'est pas la première vertu, déploient leurs tentacules en certains lieux de la cité où la réalité des agressions s'est enflée pour atteindre au véritable fantasme : les étrangers, ceux de couleur, on les remarque beaucoup et on les craint dans les beaux quartiers : « Ça a beau être luxueux, le XVIe, c'est plein de Noirs ; le soir, vous ne pouvez pas sortir. Sur l'esplanade du Trocadéro, je vous assure, les flics, ils courent derrière ». « Le Seize, ça devient comme à Barbès ! » déplore Madeleine, cinquante ans, gardienne d'immeuble dans le XVIe arrondissement précisément. On les remarque aussi beaucoup dans les sous-sols et les galeries de la ville, ces voies de transit, ces déambulatoires où se trament, soupçonne-t-on, d'innombrables trafics, de louches chassés-croisés de personnes — Forum des Halles, plateau de Beaubourg, et surtout, surtout, le métro : c'est là où ils sont le plus visibles, c'est là aussi que semble avoir élu domicile l'ensemble des illégaux, flaneurs, petits vendeurs de camelote, mendiantes exhibant leur bébé emmailloté de haillons, joueurs de tam-tam et autres saltimbanques, une marginalité coloriée soulignant d'autant plus les différences. « Quand je rentre dans le métro, je me demande si je suis Française », soupire Yvonne, standardiste à EDF, résidant dans le XIIIe arrondissement.

Le « souk », on s'y sent bien dans le cadre de vacances à l'étranger, mais chez soi, il prend l'allure d'un pittoresque déplacé et agressif : « On craint moins au Maroc qu'à Barbès, dit Philippe, et puis à Marrakech, c'est nous qui sommes demandeurs, alors qu'à Barbès, on n'y passe pas pour acheter quelque chose, pour aller les voir, là, c'est eux les demandeurs ». François, courtier maritime, exprime une semblable indignation : « Au Maroc, s'il y en a un qui vous importune, vous appelez le premier flic, il se fera rappeler à l'ordre. Alors que si vous faites la même chose à Barbès, c'est vous qui vous ferez rappeler à l'ordre ». Agressivité jugée arrogante — « Ils sont « jusqu'au boutistes », maintenant, ceux qui vous attaquent, ils n'ont plus peur de la police » s'effraye Françoise — qui semble plutôt être le fait de certaines ethnies, Maghrébins et Noirs en particulier (Michèle, mère de deux jeunes enfants et qui habite le XXe arrondissement : « ils ont une tendance à l'agressivité », ou Philippe, encore : « C'est vrai qu'on a une mauvaise impression... Quand on passe à côté d'eux, ça dérange, on se sent agressé »). Peur irraisonnée, certes, loin d'être toujours fondée, mais qui naît de l'impression de nombre et de désœuvrement manifeste : « Ils déambulent, c'est çà qui donne ce sentiment d'insécurité, explique

Philippe, vous allez à Barbès, ou dans le XIIIᵉ, ils ne travaillent pas ».

Françoise, hôtesse de l'air et résidant dans le XIIIᵉ, s'emporte même : « Les Antillais, dans mon quartier ils ne travaillent pas et sont super bien habillés. Si vous vous éloignez de chez vous, tout est cambriolé, j'ai des exemples ! », alors que Bernard, employé hospitalier, constate, désabusé : « S'ils bossent pas et fichent le bazar, il y a un problème ».

Inactivité et délinquance ont une relation de cause à effet, tout le monde en est conscient, tout le monde s'en inquiète. Mais de là à faire porter la responsabilité de la montée de la violence et du développement de l'insécurité à ces seuls « basanés » dont le surnombre irrite, — le pas vers la xénophobie primaire serait trop vite franchi — en fait reculer plus d'un. Pour les Français, il y a la réalité vécue, celle que transmettent les médias et celle qui habite l'imagination. A travers la peur du quotidien, les stéréotypes et les fantasmes, on voit se chercher un discours plus équilibré évitant le racisme, une tentative plus ou moins affirmée de comprendre avant de juger.

Les faits divers liés aux Maghrébins et aux Noirs, ils existent, les femmes en éprouvent une peur physique, et non métaphysique. Mais elle confine parfois à l'obsession : « Mettre le nez dehors après 21 heures, je ne suis vraiment pas tranquille, croyez-moi. J'ai énormément d'amis étrangers de toutes races, mais il y a quand même ce sentiment qui frôle presque la haine à certains moments... », avoue Michèle, technicienne de fabrication, résidant dans le XXᵉ arrondissement. Et Bernadette, vingt-huit ans, clerc de notaire habitant le XVᵉ : « Je suis allée au marché Saint-Pierre, à Barbès. J'ai été morte de trouille, je n'y mettrai plus les pieds ! ». Toutefois, la réflexion de Madeleine, cinquante ans, gardienne d'immeuble, — « Et puis il y a les Yougoslaves, qui font la manche, surtout les jeunes, qui fouillent dans votre sac et jettent des sorts » — fait vivement réagir Philippe : « Ça me dérange, ça, on va faire un tableau raciste de toutes les nationalités. Les Français font exactement les mêmes choses ». Les agressions, les viols, les cambriolages d'appartements, les vols de voitures, les vols dans les magasins, les vols à la tire, tous ces faits divers ne sont pas des romans. Et si la délinquance chez les immigrés arabes ou noirs est une réalité que l'on ne peut ignorer, elle est loin d'être leur apanage. Alors ?

« Ce sont peut-être les médias qui m'ont inculqué cette peur ! Parfois je me le reproche, on peut devenir raciste avec ça, » reconnaît Philippe. « Il suffit qu'un Maghrébin fasse une agression pour que les journalistes organisent une campagne de presse. Les journalistes ne sont pas meilleurs que nous, on finit par penser avec eux qu'effectivement, ils sont tous comme ça. Et même s'ils ne font rien, on est conditionné... Pendant que dans le même laps de temps, il y a peut-être dix Français qui ont fait une agression ! ». Le Français a la fâcheuse habitude de ne pas prendre sur soi la responsabilité de ses propres égarements. La méfiance très louable qu'il manifeste à l'égard de soi-même, il la fait bien vite endosser à quelque

pouvoir maléfique soupçonné de lui manipuler la
cervelle... Certains médias jouent incontestable-
ment le jeu du sensationnel, transmettant une
information que d'aucuns sont en droit de juger
malsaine ; on peut les accuser « de ne jamais
montrer que des immigrés à problèmes, en rupture
avec la société », comme le fit Maryse Tripier,
sociologue, au cours d'une intervention à un collo-
que sur la lutte antiraciste organisé en mars 1984.
Toutefois, l'information est loin d'être à ce point
unilatérale. La diversité des récents dossiers présentés par la presse, la radio ou la télévision sur la
situation des immigrés en France témoigne par
exemple d'un réel effort des journalistes pour
permettre une approche nuancée de la question.
Mais les Français, trop souvent, s'arrêtent à un
titre de manchette, à un flash radio, à une image,
raccourcis dangereux qui confortent leurs certitudes primaires, alimentent leurs fantasmes, et
finissent à ce point par déformer leur perception
qu'ils en prennent eux-mêmes peur. On est
« conditionné » à reconnaître en l'étranger un
délinquant potentiel !

Surinformés, mais peu enclins à l'approfondisse-
ment personnel, ils essaient pourtant de voir autrement ces étrangers qui, dans le quotidien, coïnci-
dent rarement avec l'image que leur en renvoient
les médias. Et cette tentative de reconnaissance de
l'autre passe par le prisme des valeurs françaises.

UNE VALEUR : LE TRAVAIL

Les Français ont le goût de la propriété et le sens de l'épargne. Modeste pavillon de banlieue, lotissements « tout confort » des villes nouvelles peuplées de jeunes cadres ou résidence secondaire de citadins s'enracinant dans un petit coin de terroir, la maison individuelle que l'on peut acquérir au terme de longues années de labeur patient et de privations nécessaires symbolise le désir vivace et compréhensible de trouver son point d'ancrage. Le travail est dès lors perçu par les Français comme une valeur cardinale de l'identité nationale : il situe l'individu dans la collectivité en lui permettant de s'établir, de s'installer, de se fixer quelque part. Pierre angulaire de la société, facteur déterminant du mode de vie, le travail sert à tracer la frontière entre la communauté nationale et ce qui s'en exclut : les étrangers, disent les Français, ce sont ceux qui ne travaillent pas, ou qui ne travaillent pas comme « nous ».

Qui est étranger ? En premier lieu donc, ceux qui semblent avoir à propos du travail la conception la plus éloignée de la nôtre, c'est-à-dire, selon les Français, les Arabes et les Africains. L'exemple

avancé par François, trente-cinq ans, courtier maritime, est à cet égard révélateur : « Je me souviens
de la tentative d'installation d'une usine de voitures
en Afrique du Nord. A la première paie, le gars, il
a jamais vu autant d'argent de sa vie, il est parti...
Pourquoi diable aller travailler alors qu'on a suffisamment pour acheter les pois chiches et le couscous ? ... C'est une question de mentalité, de
race... »

Les étrangers, pour les Français, ce sont ceux qui
ne travaillent que pour satisfaire des besoins immé-
diats, qui désertent leur emploi dès qu'ils ont de
quoi se payer « les pois chiches et le couscous ». Ce
sont ceux qui jouent toute leur paie au loto, qui
passent des heures, au café, à miser sur le PMU
plutôt que d'épargner, lentement mais sûrement,
pour acquérir des biens durables : « Dans les
PMU, il faut voir le fric qu'ils jouent » dit Robert,
quarante-neuf ans, imprimeur.

Les Français, « bossent dur », s'imposent des
privations, « suent sang et eau » pour pouvoir un
jour accéder — bien suprême ! — à la petite
propriété, aussi acceptent-ils mal de voir des étrangers « claquer » leur paie en faisant « la nouba
toute la nuit », comme le souligne Mme L., vingt-
six ans, infirmière.

Faire la « nouba », faire la « bamboula » :
termes empruntés, précisément, aux modes de vie
arabe et africain. Les Maghrébins et les Noirs,
disent les Français, n'ont ni le goût, ni la volonté de
travailler ; la paresse, la nonchalance, l'indolence
sont, pensent-ils, le lot congénital de certaines
populations : « les gens d'Afrique du Nord, ils sont

cool, lymphatiques », dit encore François. Philippe, trente et un ans, fonctionnaire, tente d'expliquer : « Quand on prend le Qatar, le Koweit, tous ces pays qui ont un PNB supérieur à la France, ils vivent dans la misère. Il y a bien un lymphatisme beaucoup plus grand » et, laconique : « ce n'est peut-être pas eux qui le veulent, c'est dû au climat ». On retrouve là un stéréotype bien connu qui vient remplacer la distinction désormais désuète entre une France du Nord besogneuse et une France du Sud plus nonchalante, davantage marquée par les modes de vie méditerranéens. Antagonisme séculaire à présent « digéré » par le mode de vie français, et dont il ne reste aujourd'hui que des traces anecdotiques, les histoires corses, l'exagération marseillaise. De même, le farniente du Sud de l'Italie ou la sieste espagnole appartiennent au passé, tout au moins à un certain folklore : en France, les peuples « latins » se signalent au contraire par leur ardeur au travail : « Ils sont très vaillants, hein ? les Portugais », remarque une gardienne d'immeuble de cinquante ans. « Les Italiens, les Espagnols, ils ont tous une salopette, ils sont peintres, carrossiers... L'Italien, il est plein de peinture, il chante sur son échafaudage... » constate encore Philippe. Bref, ceux-là « viennent gagner leur croûte » — objectif louable s'inscrivant dans le droit fil des valeurs françaises. Alors que les « autres », continue Philippe, « ils déambulent, ils ne viennent peut-être pas spécialement en France pour trouver du boulot. C'est pas possible que tout Barbès travaille... ».

Dans son livre (1), Jean-Pierre Moulin rapporte l'exemple suivant : « Un retraité aisé, dans une petite ville du Midi, me parlait un jour de sa toiture à refaire et du manque de main-d'œuvre. « Aujourd'hui, soupira-t-il, je donne le travail à faire à l'Espagnol, qui le donne au Portugais, qui le donne à l'Arabe » Image représentative de l'intégration par le travail, modulée en fonction des différentes ethnies... Autant, comme nous le verrons plus loin, qu'une ligne imaginaire située de l'autre côté de la méditerranée, une sorte de hiérarchie des étrangers se dessine d'emblée aux yeux de l'opinion : on distingue les « bons » étrangers, ceux qui travaillent et sont donc jugés assimilables, et « les autres », chômeurs volontaires que l'on rejette. « Ils sont sans activité, volontairement, très souvent, allez à l'ANPE, c'est édifiant ! » dit une technicienne de trente-sept ans. En effet, ce n'est pas qu'il y ait trop d'étrangers, « c'est surtout », estime-t-elle, « qu'il y a trop d'étrangers inactifs ». « Il faut éviter qu'il y ait trop d'étrangers sans travail » explique M. M., vingt-quatre ans, informaticien aux PTT, qui se situe dans la majorité, de même que Mme F., trente-six ans, qui, elle, se réclame de l'opposition : « Ce que je n'aime pas, c'est de voir des étrangers inactifs. Inadmissible. On finit par faire des bêtises, quand on n'a pas de travail ». Le désœuvrement semble insupportable à double titre : il entraîne le parasitisme et engendre la délinquance.

(1) Enquête sur la France multiraciale.

Les Français, on l'a vu, jugent illégitime de renvoyer les étrangers venus en France pour travailler. Mais ils estiment intolérable qu'ils soient chez nous à ne rien faire. Le chômeur français, entend-on dire, est un demandeur d'emploi qui n'a pas eu de chance. Alors que l'étranger inactif, est lui, un « parasite » : il vit « à nos dépens » et « vient manger notre pain ». Etranger deux fois, par ses origines et par son refus — circonstance aggravante — de se plier à une norme essentielle de la société française, il est l'objet d'une réaction de rejet maximum.

Le travail est ressenti comme un droit de passage obligatoire, le tribu à payer pour pouvoir, à terme, intégrer la communauté nationale. Il gomme les différences les plus criantes, aplanit les difficultés majeures. Travailler, c'est accepter les valeurs fondamentales du mode de vie français. L'étranger devient dès lors un candidat potentiel à l'assimilation. En témoignent les réussites exemplaires, sur ce plan, de certaines vedettes incontestées du monde sportif en qui s'incarnent, malgré leur profil si peu gaulois, tant de Français de souche : les meilleurs sprinters des quinze dernières années sont tous Noirs, le meilleur marathonien français, Mimoun, est d'origine algérienne, et que dire de Yannick Noah, né de père camerounais, à propos duquel, à la veille de la finale de Roland Garros en juin 1983, l'Equipe titrait : « Cinquante millions de Noah » ?

Réussites exceptionnelles, certes, mais où la France profonde reconnaît ses vertus : ténacité, opiniâtreté et goût de l'effort constituent les traits essentiels du caractère national. C'est donc par le travail que l'étranger se naturalise le plus fortement.

Travailler pour épargner, épargner pour prendre racines, prendre racines pour assurer l'avenir de ses enfants, l'étranger trouve alors sa part dans la réussite de la France et manifeste sa volonté de s'investir dans la vie du pays.

A ce titre, la famille joue un rôle incontestable. Le célibataire inactif ou qui envoie l'essentiel de son salaire à l'extérieur est un étranger qui indispose les Français. Ils le perçoivent comme un voyageur en transit qui n'a pas vraiment sa place dans la communauté nationale. En revanche, l'immigré chargé de famille, dont les enfants sont choyés et élevés avec une attention qui paraît exemplaire s'intègre parfaitement dans l'environnement familier. « Dans le XVᵉ, je ne sens pas les étrangers, je vois des familles, ça ne me dérange pas », dit Bernadette, clerc de notaire de vingt-huit ans, qui habite ce quartier. Il peut s'asseoir à la table française.

DES DROITS DE L'HOMME...

Directement lié à l'obtention du contrat de travail, « le permis de séjour » est conçu comme le sésame de tous les avantages : sécurité sociale, allocations familiales, caisses de retraites, mutuelles, assurance chômage, aides sociales diverses, font alors de l'étranger un Français à part entière en matière de droits sociaux. Le débat de juin 1985 sur le statut des immigrés n'a pas semblé mobiliser, comme on l'attendait, la classe politique, sur une question qui, pourtant, chauffe à blanc l'opinion à tous les coins de zinc. Le « restons français » qui se dégage de la plupart des conversations de bistrot se nuance d'un « faisons-en des Français » dès que le problème est abordé de façon concrète.

La volonté assimilatrice des Français, qui joue sans doute au détriment du respect des différences, se montre en effet dans toute sa logique lorsqu'on évoque la question de la participation des étrangers au système de protection collective.

Les étrangers, disent-ils, doivent vivre comme les Français. Cela veut dire qu'ils ont les mêmes droits et les mêmes devoirs. A partir du moment où ils partagent les mêmes valeurs, et notamment, manifestent leur volonté d'enracinement par le respect du travail et l'attachement à la vie de famille, ils ont droit au système français. Mais jusqu'à quel point ? Là encore, les attitudes des Français sont variables.

L'égalité, pensent-ils, s'accommode mal de certains privilèges dont jouissent à leur avis les étrangers. S'ils acceptent plus volontiers l'immigré vivant en France au milieu de sa famille, ils s'insurgent de voir les familles nombreuses d'étrangers se trouver prioritaires dans l'attribution des équipements sociaux : logement, places de crèches : « Là où j'ai un petit peu mal au cœur, c'est de voir qu'on obtient moins de privilèges que certains étrangers : les places dans les crèches, à l'école, dans les logements. Comme j'ai pas une famille de dix enfants, on ne veut pas me donner de logement. Ça me déplait, j'ai un salaire trop élevé soi-disant ! » s'indigne Bernadette, vingt-huit ans, clerc de notaire. Crainte d'une surcharge sociale ? Certains ont le sentiment que ces familles étrangères coûtent cher : « Ils savent mieux que nous se débrouiller pour obtenir des avantages, des aides ». Les ressources de la France sont limitées ; le nombre croissant des étrangers donne au Français le sentiment que l'immigration est un puits sans fond, une hémorragie que l'on ne sait comment colmater. Reconnaissant qu'il ne faut pas négliger l'apport des étrangers à la démographie française, ils s'effrayent d'une fécondité qu'ils jugent excessive. Le fantasme du « lapinisme » guette : « N'oublions pas qu'ils se multiplient beaucoup plus que nous... Où en serons-nous dans

vingt ans ? » s'alarme, catastrophé, un lecteur du
Nouvel Observateur dans le cadre d'une enquête
sur l'immigration. La vie de famille ? Oui, mais à
condition de rester dans des limites raisonnables,
disent-ils.

C'est-à-dire, ne pas profiter des lois sociales pour
tenter d'en tirer des avantages qui se retournent
fréquemment contre les étrangers eux-mêmes :
« Je connais des gens qui ne veulent plus embau-
cher des étrangères qui profitent des lois sociales,
qui font de l'absentéisme. On ne peut pas admettre
que les fêtes musulmanes soient chômées ! Dans
les entreprises, ça pose problème » (Mme F, bourgeoise ouverte mais attachée aux traditions). Ainsi,
si les Français sont attachés à un système d'égalité
des droits en général, ils s'irritent souvent dans le
quotidien, de devoir « passer après » un étranger :
dans la salle d'attente d'une assistante sociale, dans
une queue à un guichet des allocations familiales ;
ils ont tendance à « râler » face à un traitement
qu'ils jugent préférentiel. Ils admettent que les
familles d'étrangers posent des problèmes d'adaptation nécessitant une prise en charge plus impor-
tante, mais se sentent frustrés devant certaines
priorités dont ils sont exclus.

Pendant qu'on s'attache à payer ponctuellement
son loyer, à s'acquitter consciencieusement de ses
impôts, à régler sans délai ses factures, comment
admettre, disent les Français, que certains étrangers vivent ouvertement du système d'aide sociale,
réduisent le prix de leur logement à un « franc
symbolique », et expédient leur salaire à
l'extérieur ? Leur « grogne » se manifeste tout

particulièrement devant les transferts de salaires gagnés en France : fuite des capitaux, en vérité, et curieusement légalisée... Ils jugent parfois scandaleux de ne pouvoir acheter une maison ou exporter des devises à l'étranger si les immigrés ne sont pas soumis aux mêmes contraintes. « Les étrangers ont des privilèges totalement exorbitants », s'indigne François, trente-cinq ans, courtier maritime « on nous fait des difficultés pour dépenser la moindre somme à l'étranger, et eux, sous prétexte qu'ils ont un passeport étranger, ils peuvent sortir tout leur salaire ». « Gagner de l'argent à l'étranger, c'est très difficile, » souligne Mme F., trente-six ans, représentative d'une bourgeoisie ouverte mais attachée aux traditions « il faut en dépenser l'essentiel sur place. Nous, on est beaucoup moins directifs ».

Ce refus d'un traitement privilégié doit aussi s'étendre, dans l'esprit des Français, aux relations entre Etats : ils s'insurgent devant des accords bilatéraux souvent défavorables à la France, s'indignent de devoir « payer si cher le gaz algérien ». La France, disent-ils, est un pays de droit : les individus comme les Etats ne peuvent légitimement jouer avec d'autres règles que les nôtres.

Une France généreuse, soit, mais à la condition que ses principes ne la conduisent pas à se faire « gruger ». Mais une fois posées les règles du jeu et clairement établis les devoirs de chacun, les Français s'accordent sur une nécessaire égalité des droits avec les étrangers : « Une fois qu'on les a acceptés en France, il faut bien qu'on les accepte comme des citoyens, comme nous. S'il faut faire une barrière, il faut la faire avant », dit Philippe, trente et un ans, célibataire. Les immigrés qui se plient aux règles de la société française doivent pouvoir, de l'avis général, bénéficier des services offerts à tous : protection sociale, allocations familiales, école... Si les Français expriment quelques craintes quant aux coûts supportés par la société, à la réflexion, ils trouvent légitime la généralisation du système à l'ensemble des habitants de l'hexagone. En témoigne leur refus majoritaire de systèmes d'aide sociale distincts.

Les propositions extrémistes — créer des caisses de retraite et de sécurité sociale séparées pour permettre le retour forcé des chômeurs avec un pécule au prorata de leurs droits acquis — entraînent des réactions partagées, mais dans l'ensembles négatives. Seul y est favorable M. D., cadre commercial, chantre du « Restons Français » à tous prix : « Les caisses séparées, je suis pour ». Françoise, hôtesse de l'air se situant dans l'opposition, et Madeleine, gardienne d'immeuble se réclamant de la majorité, restent plus mitigées : « Ce serait peut-être une bonne solution, mais c'est utopique, ça ne sera pas accepté ». Philippe, en revanche, contrôleur aux impôts, y oppose un refus catégorique : « C'est de la xénophobie. On met les Arabes d'un côté, pourquoi pas les médecins ? Les hommes, les femmes ? Soit on est une nation, soit on n'est rien ! Ça me paraît vraiment aberrant ». Ou encore : « Ils ont travaillé en France, leur dire qu'ils n'ont travaillé que pour eux ! » s'indigne Bernadette, vingt-huit ans, clerc de notaire. De l'avis général, « il faut avoir une conscience collective », mais, précise François, trente-cinq ans, courtier maritime, « la conscience collective, c'est quelque chose qui marche si tout le monde joue le jeu... ça fait de beaux discours politiques, mais quand vous parlez vie quotidienne, rien ! J'essaie de me dépatouiller le mieux possible pour moi-même ». Les réponses à une question concernant la durée qui permet légitimement de bénéficier des avantages collectifs du système français sont particulièrement significatives : à mesure que la réflexion progresse, la « durée » rétrécit comme une peau de chagrin : François, par exemple, qui a d'abord dit « au prorata, et dehors », en vient ensuite à affirmer : « Comme les Français, comme pour les conditions d'accès aux contrats d'assurance ». Certains préconisent « cinq ans », d'autres « deux », ou « un ». « Moi, je lui donnerai ses droits tout de suite », dit Bernard, vingt-six ans, employé hospitalier.

... AUX DROITS DU CITOYEN

Dans ce débat sur les droits des immigrés, la question du droit de vote, de la citoyenneté et de la nationalité se pose avec une acuité particulière. Si dans le domaine du travail et de la protection sociale, les Français penchent nettement vers l'assimilation maîtrisée, en revanche, la question de la citoyenneté politique fait apparaître des divergences d'opinions beaucoup plus sensibles.

Les récents sondages montrent en effet que l'opinion française est loin d'être prête à accorder un droit de vote, même à l'échelon local, aux étrangers travaillant en France. « Aucun statut intermédiaire entre citoyen et étranger, aucune distinction entre Etat et Nation apparaît acceptable à la majorité des Français », écrit Robert Solé (1).

Si on peut déceler une timide ouverture à l'idée du droit de vote aux immigrés, elle est à interpréter avec prudence. Acceptable à la réflexion, mais dans certaines limites juge-t-on : « Ça dépend pour qui : les Portugais, les Italiens, qui sont en France depuis longtemps. Mais là où il y a 90 % d'immi-

(1) in *Le Monde*, 12 juin 1985.

grés, à l'école, disons qui ne sont arrivés que depuis un an ou deux, je ne vois pas pourquoi ! » dit Françoise, trente-huit ans, hôtesse de l'air. « Portugais », « Italiens », « là depuis longtemps », l'intégration semble être la condition sine qua non de l'attribution d'un tel droit. Et là encore les immigrés, d'origine européenne sont les plus aptes, dans l'esprit des Français, à bénéficier d'une représentation électorale. Les étrangers qui travaillent depuis longtemps en France, et se mêlent sans difficulté à la population, vivant avec leur famille, et éduquant leurs enfants dans le respect des lois françaises, on peut, à la rigueur, leur accorder une voix plus que consultative sur l'organisation de la municipalité ou de la commune. « Je connais des Portugaises qui seraient contentes de voter », remarque Madeleine, gardienne d'immeuble.

Les réticences sont plus grandes à l'égard des communautés étrangères dont l'assimilation reste pour les Français problématique. Les Asiatiques, les Maghrébins ou les Noirs ont, et conservent, en France un mode de vie trop éloigné de celui des Français pour être facilement considérés comme des « concitoyens » ;

Lorsqu'il s'agit des droits sociaux, le Français est égalitaire. Mais il fait une différence entre les droits de l'homme, applicables à tous indistinctement, et ceux du citoyen, indissociables de l'appartenance à la nation. Parmi ces droits du citoyen, le vote aux différentes élections marquant la vie politique française, est bien entendu ressenti comme une question cruciale. D'après les chiffres d'un sondage (1), près de 68 % des Français sont défavorables au droit de vote des immigrés aux élections municipales.

Cette réaction pose clairement la limite à ne pas franchir : celle de l'accès aux droits politiques, et par voie de conséquence, aux pouvoirs de décision. Tout au plus une participation consultative sans droit de vote serait-elle tolérée. Cependant, les très vives réactions à l'expérience de Mons-en-Baroeul, où, depuis le 19 mai 1985, les consultants étrangers siègent au conseil municipal, montrent qu'en ce domaine, la plus grande prudence s'impose. D'après un sondage (2), la question « faut-il assurer la représentation des étrangers dans les conseils municipaux des villes où ils sont nombreux et installés depuis plusieurs années », recueille 57 % d'opinions défavorables.

Ainsi, sans même que soit évoquée la constitutionnalité d'une telle mesure, les réactions du peuple français traduisent le rejet d'une sorte de citoyenneté à deux vitesses : l'une, communale, fondée sur la résidence et l'autre, nationale, fondée sur l'appartenance à la nation française.

N'est-il pas normal, semblent dire les Français, et somme toute conforme au respect mutuel, que les citoyens d'une nation soient les seuls à influer sur la politique de leurs pays ? Il est peu probable qu'un Français vivant dans un pays étranger, quel qu'il soit, se pose même la question de savoir s'il est en droit de voter pour élire le représentant local

(1) Sondage *Le Quotidien*/IFREP réalisé en mai 1985.

(2) Sondage BVA pour la revue *Convergence,* réalisé en août 1985.

de la ville où il réside. Une telle mesure découle en apparence d'une certaine idée des droits de l'homme. Mais en France où l'identité nationale est une valeur cardinale, elle ne contribuerait qu'à exacerber un certain nationalisme, à accentuer les crispations, pour n'aboutir, au bout du compte, qu'à enfermer les électeurs venus d'ailleurs dans une nouvelle forme de ghetto.

L'échec de la tentative danoise, qui n'a fait qu'accentuer l'amertume des résidants étrangers devant la pauvreté des résultats obtenus par leurs élus, est à cet égard un exemple à ne pas oublier.

De son côté, Pierre Blanchet a enquêté (1) à Scionzier, en Haute-Savoie, où un habitant sur deux est immigré.

« Le droit de vote pour les immigrés aux élections municipales ? » Germain, patron de café, est contre et demande si les Français ont le droit de voter en Algérie ou au Maroc. Et il ajoute : « Ceux qui veulent voter, ils n'ont qu'à prendre la nationalité française ».

Naturalisation, voilà le maître-mot lâché. Conformément à la loi, la nationalité française s'acquiert aujourd'hui automatiquement, soit à dix-huit ans pour les enfants nés en France de parents étrangers, soit dès la naissance lorsque l'un au moins des parents est né en France.

Cette automaticité fait que nombre d'adolescents immigrés « acquièrent la nationalité française à leur insu, et parfois même contre leur gré, sans que soit exercé en fait le moindre contrôle sur leur

(1) Pour *Le Nouvel Observateur*.

intégration effective », dit Alain Mayoud, Député du Rhône.

L'opinion de Jean Daniel (2) mérite à ce propos d'être relevée : « La citoyenneté française ne doit pas être automatique, elle ne doit pas être donnée à ceux qui n'en expriment pas clairement le souhait. Le sentiment d'appartenance à une nation est le fait de la reconnaissance d'un héritage, de l'adhésion à une civilisation, de la contribution à une ambition. La Nation qui a accueilli le plus d'étrangers dans l'histoire, les Etats-Unis, donne la dimension d'une cérémonie à l'intronisation du nouveau citoyen. La France pluricommunautaire, c'est l'assemblage des communautés qui adhèrent à un projet national français ».

Une autre question est donc posée : naturalisation passive ou naturalisation volontaire ?

Là encore, les Français sont partagés : certains préconisent de « faire comme les Américains : être né aux USA, avoir travaillé pendant un certain temps... » (François, marié, deux enfants).

Quant à Françoise, trente-huit ans, mère de deux enfants, elle ne conteste pas l'attribution automatique de la nationalité française, « mais », précise-t-elle, « à condition qu'ils ne viennent pas pour s'instruire et retourner chez eux ! » Philippe et François sont tous les deux d'un avis opposé : l'étranger, même naturalisé français, qui fait des études en France et retourne ensuite dans son pays d'origine, contribue au rayonnement de la France, en exporte les valeurs. Mme F., dont l'esprit

(2) In *Le Nouvel Observateur* du 17 mai 1985.

d'ouverture n'exclut pas l'attachement aux traditions, se prononce nettement en faveur d'un choix
volontaire à dix-huit ans. Philippe, lui, se demande
si à dix-huit ans, on est vraiment en mesure de
choisir : « à cet âge-là, on n'a pas encore de boulot,
on n'est pas vraiment intégré... »

Voter ce n'est pas seulement exprimer son
opinion par l'intermédiaire d'une assemblée déli-
bérante ; c'est aussi une profonde marque d'appartenance à une communauté nationale. Par là
même, le vote est une manière de se situer vis-à-vis
de l'autre et plus précisément de l'étranger.

TROISIÈME PARTIE
L'ÉTRANGER

Donnez-moi vos pauvres, épuisés et las,
Vos foules entassées qui aspirent à un air plus
libre,
Misérables déchets de vos rives grouillantes,
Envoyez-les-moi, ceux-là, les sans toit, ballotés
par la tempête.

> *Emma Lazarus (Vers gravés*
> *sur le socle de la statue*
> *de la Liberté à New York)*

Qui sont donc pour les Français ces immigrés qui les mettent si mal à l'aise, que certains rejettent impulsivement et que d'autres tentent d'intégrer à la communauté nationale ? Ces étrangers qui, de toutes les façons, obligent chacun à s'interroger sur soi-même et à redéfinir ses propres valeurs ?

En d'autres termes, le « Comment peut-on être Persan ? » de l'auteur de Montesquieu reste plus que jamais d'actualité : que signifie être étranger dans la France d'aujourd'hui ?

CELUI QUI EST LÀ,
SANS ÊTRE D'ICI

« Le mot immigré est récent et ne se rencontre guère avant 1939 », note Joseph Rovan (1). L'immigré c'est celui qui est là (*im*) sans être d'ici (*migré*), le « travailleur émigré » d'autrefois qui n'est plus de passage, mais s'est installé désormais sur le sol français.

Or, comme le remarque Frère Coste (2), secrétaire de la commission épiscopale : « Le mot immigré présente l'inconvénient de pratiquer un amalgame malheureux entre identité culturelle et identité nationale.

Un immigré peut très bien être intégré culturellement au sein de la société française et ne pas avoir la nationalité française. Inversement, un immigré peut bénéficier de la nationalité française et rester en dehors de tout processus d'intégration culturelle ».

Etre étranger dans l'Hexagone ne serait pas exactement une question de nationalité, comme l'indique pourtant clairement la définition du Petit

(1) Joseph Rovan, Histoire de juin 1983.
(2) in *Magazine Hebdo*.

Robert : l'étranger, c'est « celui qui est d'une autre nation, celui dont la nationalité n'est pas celle d'un pays donné, par rapport aux nationaux de ce même pays ». La référence, apparemment, n'est pas immédiate dans l'esprit des Français. Sans doute parce que, de prime abord, l'étranger n'est pas conçu comme un individu isolé. On parle plutôt spontanément *des* étrangers, pluriel quelque peu menaçant qui semble traduire une frayeur séculaire de l'encerclement et de l'invasion.

Des « envahisseurs » qui arrivent en masse sur le territoire national au risque de lui faire perdre ses traditions, son âme...

Cette notion de nombre est essentielle. On a déjà vu qu'elle impliquait de manière plus ou moins avouée l'idée d'une menace pour la sécurité du citoyen.

Que disent en réalité les chiffres ? Lorsque l'on regarde les statistiques actuelles de l'immigration, on constate que la proportion des étrangers sur le sol français est comparable à celle des années trente au moment de la grande crise économique mondiale, c'est-à-dire de l'ordre de 7 à 8 %.

Or selon un sondage (1) sur « Les Français et les Immigrés », non seulement les Français ne connaissent pas précisément la proportion d'étrangers vivant et travaillant en France, mais ils ont généralement tendance à la surévaluer et à la considérer supérieure à celle des années trente.

Il est vrai que dénombrer avec exactitude les

_____

(1) Sondage réalisé de janvier à février 1984 dans le cadre d'une enquête MRAP/SOFRES.

étrangers résidant dans l'Hexagone est très difficile, voire impossible, en raison des clandestins qui
restent à l'ombre de toute statistique. Les chiffres
varie de 3 680 000 (selon l'INSEE en 1983) à « plus
de cinq millions et même probablement cinq millions et demi » selon Alain Griotteray (1).

Approximation obligée dans les évaluations,
ignorance des chiffres chez le Français moyen —
« Trois, quatre, cinq millions peut-être ? » suggère
Françoise, hôtesse de l'air — une chose pourtant
est sûre : il y en a trop, et surtout, « beaucoup qui
ne sont pas déclarés ».

La présence des immigrés est devenue pesante
pour les Français. Pourquoi cette immigration, qui,
il y a quelques années, semblait relativement bien
acceptée, prend-elle aujourd'hui volontiers l'image
de « ghettos » où le Français ne trouve plus sa
place ? Ecoutons François, courtier maritime de
trente-cinq ans : « A Chinatown, dans le XIIIᵉ,
vous avez presque envie de sortir votre passeport et
votre certificat de vaccination », ou Philippe, jeune
fonctionnaire : « A Barbès, on n'a plus l'impression d'être à Paris ».

Sans doute cette xénophobie s'explique-t-elle,
comme on l'a vu, par les incertitudes actuelles de la
conjoncture. Le phénomène, n'est du reste pas
nouveau. Robert Solé (2) rappelle qu'à la fin du
siècle dernier, l'arrivée en nombre des travailleurs
italiens était décrite en termes d'« invasion », de
« nuées de sauterelles », de « hordes de barbares

(1) Alain Griotteray, « les immigrés – le choc » (Plon 1984).
(2) in *Le Monde* du 23 septembre 1983.

campant aux portes de la cité ». Ces voisins qui auparavant ne dérangeaient pas tant qu'ils se cantonnaient à la lisière des frontières, commencèrent à faire peur dès qu'ils s'implantèrent en groupes importants dans le pays : « En 1914, les Italiens représentaient à eux seuls 20 % de la population de Marseille. S'y ajoutèrent, un peu partout en France, des Polonais, des Arméniens, des Espagnols, des Arabes... perçus tour à tour comme des *envahisseurs* et des ennemis de l'intérieur ».

Une xénophobie qui serait donc « une maladie récurrente de l'âme française, ressurgissant à chaque trébuchement de la conjoncture » ? se demande Pierre Milza (1).

Le cheminement de l'histoire n'est toutefois pas linéaire. Les situations semblent se répéter : mutations économiques, période de croissance, chute de la démographie provoquent en France depuis la fin du XIXe siècle des vagues d'immigration plus ou moins bien maîtrisées, plus ou moins bien intégrées, et que les crises économiques freinent. Mais les mots que l'on emploie lorsque les choses vont mal ne sont pas les mêmes suivant les époques. La violence paroxystique que prirent les discours des Français sur les étrangers pendant la période de l'entre-deux-guerres est loin d'être atteinte de nos jours par ceux qui se montrent les plus hostiles à la présence étrangère.

Aujourd'hui, si la xénophobie atteint rarement le racisme ouvertement déclaré, les expressions se

(1) Pierre Milza, Histoire de juin 1983.

modulent néanmoins en fonction du visage de l'étranger.

Car pour les Français, « on fait la distinction entre étranger et étranger », selon la formule de ce jeune fonctionnaire aux PTT. Plus encore, quand on dit « immigrés », on ne songe pas aux Italiens, aux Espagnols, aux Portugais, ou à toute autre personne d'origine européenne. Rarement on vise aussi les Asiatiques, Vietnamiens, Cambodgiens ou autres. Quand on dit « immigrés », on pense d'abord « Arabes » ou « Noirs », c'est-à-dire ceux qui apparaissent les plus *différents* de soi et de sa culture.

Le sentiment de la différence ne se fonde pas sur la seule appartenance à une nation, mais plutôt sur le principe de l'identité collective. Il ne suffit pas pour être Français d'avoir une carte d'identité française. Il faut aussi pouvoir présenter, par son comportement et son mode de vie, une sorte de carte d'« identité culturelle ».

LES FRONTIÈRES
DE L'IMAGINAIRE

L'étranger, l'autre se distingue par la couleur de sa peau, par ses vêtements, mais surtout par son comportement, sa religion, son attitude dans le travail. Un peu comme on disait autrefois : « L'étranger, c'est celui qui n'est pas de ma *commune* ». On voit alors que la définition qui convient ici est la seconde indiquée par le dictionnaire : « Personne qui ne fait partie ou n'est pas considérée comme faisant partie de la famille, du clan ; personne avec laquelle on n'a rien de commun ».

Dès lors, les frontières entre nations ne sont plus d'ordre juridique. Elles deviennent celles que trace l'imaginaire collectif. « Un Italien, un Allemand, un Yougoslave, en France, on ne dit pas qu'il est étranger », dit encore Philippe. Les Européens, constate-t-on, « forment une seule et unique nation ». Et François d'ajouter avec conviction : « En l'an 2000, les Espagnols et les Allemands ne seront plus du tout des étrangers ».

Paradoxe significatif : Cette Europe qui, politiquement, a tant de mal à exister, devient pour les Français une réalité tangible dès qu'elle est associée à la question de l'immigration. Culturellement, l'Europe est perçue comme une entité incluse dans le monde libre et riche du Nord qui s'oppose au monde pauvre du Sud.

La frontière démarquant ces deux univers, c'est la Méditerranée. Le « type méditerranéen » qui dérange a d'ailleurs changé de rive. La côte du nord abrite désormais le « Latin » parfaitement intégré au paysage européen : « Les étrangers les plus nombreux en France, ce sont les Portugais et les Espagnols. Est-ce qu'un Portugais a déjà dérangé quelqu'un ? » interroge ce jeune fonctionnaire des PTT.

Mais, « plus on va au Sud, plus on est étranger ». Et « tout ce qui est en dessous de la côte méditerranéenne est beaucoup plus étranger que tout ce qui est au-dessus » affirme François, courtier maritime. De l'autre côté, vous affirmera tout Français, il y a « les Arabes » ou plus loin, « Les Noirs », sans distinction aucune de nationalité. Tout au plus évoque-t-on « les Maghrébins », terme neutre et quelque peu administratif, qui semble être l'écho de la dénomination « Européens ».

Pour parler comme les historiens, la Méditerranée, « creuset de notre civilisation », devient le « fossé de notre culture ».

Frontière géographiquement floue, mais mentalement très précise : c'est la fameuse frontière Nord-Sud, celle qui délimite toute race opposée à l'européenne. Là encore, les paradoxes sont nombreux et révèlent d'apparentes contradictions, mais qui pourtant trouvent une expression bien réelle, et chez un même individu.

Tout le monde, par exemple, prononce spontanément le mot race, alors que chacun se défend de manifester un quelconque racisme. « C'est une question de race » plus que de « milieu social » revient comme un leitmotiv dans toutes les conversations, adouci très souvent d'un « je ne suis pas raciste, mais » ; ou « attention, c'est du racisme, ça ! ».

La honte du racisme est partagée par tous. Consensus qui s'explique par une évolution socioculturelle amorcée il y a une quinzaine d'années avec le développement des moyens de communication de masse. La télévision en permettant d'être beaucoup mieux informé des événements internationaux, a contribué à façonner une opinion beaucoup plus ouverte au monde extérieur. La science, également, est venue s'interposer face au développement de dangereuses théories racistes, qui se fondaient, entre autres principes pseudo-scientiques, sur l'inégalité des sangs.

Citons ici le professeur Jean Bernard : « c'est une des fiertés de la science du sang, de l'hématologie moderne, d'avoir apporté des arguments très forts qui permettent de le réfuter. Ceci doublement par l'étude des groupes sanguins, par l'étude des hémoglobines [...]. On a cru que chaque race humaine était définie par la présence de groupes sanguins particuliers. Des études de populations à partir de transfusions sanguines d'hommes d'origine très variée ont prouvé que cette conception était fausse. Les groupes sanguins connus étaient trouvés dans toutes ces populations [...]. Quant à l'étude des hémoglobines, cette substance essentielle contenue dans les globules rouges, elle a montré qu'entre les hommes, il n'y a pas inégalité, mais différence, et que tel caractère, fâcheux ici, est avantageux là ».

Même si l'on a vu se développer récemment quelques théories inquiétantes justifiant les inégalités par une sorte de supériorité génétique des uns sur les autres, l'opinion, dans son ensemble, se méfie de ce genre d'amalgame. Voilà pourquoi le mot « race » qui revient souvent dans les propos des Français n'est pas pris dans une acception qui aurait des prétentions scientifiques. Personne du reste ne fait allusion à la « race blanche ».

Le sentiment collectif de la différence n'en demeure pas moins très vivace et la gêne que provoque la présence des Maghrébins en France s'exprime dans les mots par un besoin très net de défendre, ou de sauvegarder sa propre culture. Mais à ce sujet, écoutons justement ce que dit l'ethnologue Claude Levi Strauss et méfions-nous peut-être des procédés consistant à déceler du racisme dans n'importe quelle manifestation de défense d'un groupe : « dès qu'il y a antagonisme entre deux groupes humains, entre un système et un autre, on nous dit que c'est du racisme. Alors que ce sont les conditions normales et permanentes de l'existence de l'humanité. Il est certain que nous devons combattre des formes d'antagonisme quand les cultures essaient de se détruire et de s'asservir les unes les autres. Mais il y a des formes d'antagonisme — le peu de goût pour communiquer, le peu de goût pour les échanges, la volonté de s'en tenir à un système sans le laisser contaminer par un autre — qui me semblent une condition banale d'existence de l'humanité. Et nullement du racisme ».

La question de l'immigration, qui fait apparaître l'antagonisme race et culture se pose d'abord en terme de communication. Du rejet viscéral jusqu'à l'ouverture la plus généreuse, on passe par toute la palette du vocabulaire et des sentiments. Les « immigrés », sous-entendu les « Arabes », les « Maghrébins », les « Nord-Africains », les « Africains », les « Noirs », suscitent des réactions immédiates : on parle avec passion, pour se quereller parfois. Tous les discours, néanmoins, se fondent sur le thème de la différence et de la tolérance ou non à cette différence.

« Les gens du Sud, on les voit plus parce qu'ils ont été habitués à vivre à l'extérieur. Ils ont une vie plus exhubérante. Ils se repèrent plus facilement... Le mouton qui pend sur le balcon du dessus... Si ça m'était arrivé, ça n'aurait pas duré très très longtemps ! Un Anglais, un Allemand, un Norvégien ; a plus le style de vie européen » commente François, trente-cinq ans, courtier maritime.

Deux univers qui s'opposent, deux cultures qui s'affrontent, mais de manière inégale. Pour les Français, le monde européen, c'est le monde de la richesse, dans toutes les acceptions du terme : richesses matérielles, richesse culturelle, richesse spirituelle. Un capital à conserver coûte que coûte, au risque de perdre son identité. La pauvreté de ceux qui viennent du Sud est une agression : « la saleté et le délabrement des grands ensembles comme les Minguettes à Lyon, Trappes en banlieue parisienne, ou des quartiers comme la Goutte d'Or, à Paris rappellent trop la misère et les bidonvilles du tiers monde ».

Elles génèrent des fléaux qui semblent venus d'ailleurs et ne correspondent plus à nos références : drogue, prostitution des jeunes adolescents. En ce sens, le clochard est un marginal qu'on tolère plus volontiers. Il fait partie d'un environnement à la française, s'insère dans un paysage urbain familier et fait davantage sourire qu'il n'effraye, car il rappelle des travers bien de chez nous : la faiblesse excessive pour le « coup de rouge » ou un goût immodéré de la liberté qui s'apparente à un anarchisme débonnaire. Paradoxalement, le clochard est « riche » de notre culture.

En revanche, l'immigré qui vient du Sud semble pour les Français transporter avec lui une pauvreté dangereuse. « Là-bas, chez les Maghrébins, on n'est pas agressé, parce qu'on est encore le maître, on a du fric. A Barbès, on n'est plus en sécurité », dit Philippe. Même « l'émir riche » inspire un sentiment de peur. Sa richesse est celle d'un « nabab ». « Vous l'auriez comme voisin, il étranglera toujours le mouton sur le balcon », note Yvonne, quarante-quatre ans, employée à l'EDF. L'opulence de l'Arabe ne l'empêche pas de rester ce qu'il est aux yeux des Français : un étranger pauvre de leur culture, de leur passé, de leur patrimoine.

Qualifier de racisme des réactions qui se justifient plutôt par la défense d'un patrimoine culturel auquel on tient semblerait sans doute excessif. Tout au plus peut-on parler ici d'une certaine xénophobie latente, reposant notamment sur des conceptions opposées du travail comme valeur. L'histoire façonne les mentalités et fonde les valeurs qui servent à apprécier les autres. Et il en est une que les Français privilégient avant toutes : le travail.

De l'Europe médiévale aux nations modernes d'aujourd'hui, l'évolution des pays occidentaux s'est faite autour d'une valorisation progressive du travail. Au labeur du paysan se substitue peu à peu le travail de l'ouvrier, qui marque l'entrée dans l'âge industriel. Devenant, dès lors, la pierre angulaire du développement, le travail s'érige en une valeur qui détermine l'ensemble des rapports sociaux. Dans son acception moderne, il recouvre « l'ensemble des activités humaines coordonnées en vue de produire ce qui est utile à la société ».

A partir de l'époque moderne, le travail conditionne l'évolution de la pensée occidentale. En France, les plus grands auteurs en célèbrent les vertus : Rousseau en fait, avec la tempérance, l'un des « deux grands médecins de l'homme » ; et Voltaire de renchérir dans son *Candide* : « le travail éloigne de nous trois grands maux, l'ennui, le vice et le besoin ». Le travail s'ennoblit, se sanctifie, se sacralise. Il devient le saint tribut dû par l'homme mortel que chante Victor Hugo. Enfin, dernier avatar, le travail prend figure d'agrément : « Le travail utile est par lui-même un plaisir », dit Alain.

Signifiant à l'origine la souffrance, il est aujourd'hui facteur d'épanouissement.

Outil et produit de l'industrialisation, moteur de l'économie, il est la valeur cardinale du capitalisme et se retrouve au cœur de la pensée marxiste, les théoriciens de l'un comme de l'autre s'accordant à en faire le pivot de la société. Les fondateurs du libéralisme, les philosophes du socialisme, les utopistes, tous ont en commun leur foi inébranlable en « un triomphe illimité de l'industrie », selon l'expression de Sainte-Beuve. Ainsi, le progrès, cela se construit, le travail, cela s'ordonne. C'est sur ces deux principes que s'est élaborée la réflexion des économistes modernes.

Dans ce contexte, le droit au travail est une revendication non seulement légitime, mais essentielle. Et le « droit à la paresse », titre d'un ouvrage célèbre, apparaît comme une provocation sacrilège qui ne fait que confirmer le culte du travail.

Sociologie du travail, psychologie du travail, droit du travail, médecine du travail : le travail commande la vie sociale et conditionne les esprits. Omnipotent, omniprésent, il règne en maître sur le temps, y compris celui du repos : comme lui, les congés sont « payés », organisés, sacralisés ; fruits du travail, ils produisent à leur tour une vaste industrie : les loisirs.

Le travail assure le progrès et dispense les bienfaits. Il est « la source et la substance » des valeurs occidentales : philosophiques, économiques, culturelles, morales. Il régit nos conduites, nos motivations, nos jugements, notre réflexion.

Comment s'étonner, dès lors, que des populations originaires d'un monde peu marqué par le développement industriel et sa religion du travail apparaissent d'emblée comme « étrangères » à notre mode de vie ?

L'étranger, aux yeux des Français, c'est avant tout cet immigré venu des pays pauvres du Sud où l'industrie est à l'état embryonnaire ; où d'autres modes de vie et de pensée secrètent des valeurs différentes.

Sa nonchalance, sa lenteur et sa décontraction se heurtent aux critères occidentaux de rapidité, d'efficacité, et d'effort.

Très significative, à cet égard, est la distinction qu'établissent les Français entre Asiatiques et Africains. Les premiers, bien qu'issus de contrées autrement plus lointaines, sont toutefois plus proches que les seconds par ce goût de l'effort qui les caractérise.

ÉTRANGER ET ÉTRANGER

Nombre d'enquêtes révèlent qu'aux yeux des Français, il n'y a pas une, mais des immigrations : les Européens du Sud (Italiens, Espagnols, Portugais), les plus intégrés comme on l'a vu ; les Asiatiques, dont le nombre gêne parfois, mais qui sont gratifiés d'un appréciable sens du travail. « Ils bossent tout le temps, ils sont toujours en train de courir. Ils ont tous un restaurant, une blanchisserie, ils s'aident. En plus, ils sont très malins... », dit Philippe, trente et un ans, habitant le XIIIe arrondissement. Foule grouillante mais affairée, masse laborieuse où chacun semble avoir sa place, elle paraît au Français moins étrangère que la multitude bigarrée et déambulante des Maghrébins et des Africains peuplant d'autres quartiers de Paris : « Je ne pense pas être raciste, continue Philippe, mais on n'a pas la même impression quand on traverse Chinatow que quand on traverse Barbès. Elle est moins désagréable ».

Les véritables étrangers sont, en effet, ceux qui n'ont pas le goût de travailler « comme nous » et qui le manifestent, du moins leur semble-t-il, de façon ostentatoire : « Ils ne travaillent pas, et en plus, ils sont super sapés », disent-ils.

Pour M. D., quarante-cinq ans, cadre commercial, résidant dans le VIIIᵉ arrondissement, « les étrangers que l'on repère sont, au premier rang, les Nord-Africains et les Noirs-Africains ». « Immigrés, on pense aux Maghrébins et non aux Espagnols ou aux Asiatiques », constate également Mme F., trente-six ans, « ils s'intègrent moins bien que les Asiatiques », ajoute-t-elle. Etrangères à la course perpétuelle au « turbin », les déambulations apparemment sans but des Noirs ou des Maghrébins sont pour les Français comme une injure à leur système de référence. Ils croient y percevoir un mépris de leurs valeurs essentielles, auquel ils répondent par une attitude de rejet.

A la différence culturelle, qui fait de l'Africain et de l'Arabe l'étranger par excellence, s'ajoute le poids de l'histoire et le retentissement des conflits internationaux, qui influencent profondément le jugement porté par les Français sur les populations immigrées.

Les séquelles de la décolonisation, en particulier l'indépendance algérienne qui a été vécue comme une fracture, restent, chez certains gravées dans la mémoire. Le ressentiment et l'amertume entraînent chez eux une dépréciation de l'ensemble des Nords-Africains.

« Pour les Algériens, on a été foutu dehors et on les accueille à bras ouverts ! On se fait maltraiter si on élève le ton », dit M. D., qui se rappelle : « J'ai été là-bas au moment du cessez-le-feu... »

Différents sondages, et en particulier une enquête (1) montrent ainsi que « si les Maghrébins

(1) Enquête MRAP/SOFRES 1984.

dans l'ensemble, sont jugés mal intégrés, les opinions relatives aux Algériens sont, de loin, les plus sévères ».

Bref, aux yeux de l'opinion, « la question, c'est les Arabes », comme l'exprime crûment un comique célèbre. Ceux qu'autrefois on dominait, et qui, aujourd'hui, revendiquent massivement leur identité culturelle.

Religieuse, surtout : « C'est la religion qui est une barrière terrible », constate Mme F., catholique pratiquante, qui se refuse pourtant à l'intolérance.

Le problème, disent les Français, ce sont les Musulmans — ou plutôt, ceux qui se réclament de l'Islam.

Les Musulmans sont nombreux en France et certains installés de longue date. La mosquée de Paris, fait même partie du paysage urbain. Les Français Musulmans, il y en a, et les appréciations portées sur eux — par exemple, les « ex-harkis » — sont dans l'ensemble positives. Personnages familiers, ils se fondent dans l'environnement français. Mais il y a aussi, disent les Français, ceux qui, sous l'influence de la montée « intégriste » dans certains pays musulmans, semblent se revendiquer de l'Islam pour se démarquer des valeurs françaises. Alain Schifres (1) remarque : « On dit « musulman » de moins en moins. « Islamique » arrive en force. Le musulman, c'est celui qu'on avait soumis. Islamique vous a un éclat métallique. C'est Khomeyni ».

(1) in *Le Nouvel Observateur* du 30 novembre 1984.

La répercussion des conflits libanais, iraniens, irakiens, la « poussée » islamique du monde arabe jouent ici un rôle évident. « Les Iraniens, ils ne sont pas musulmans comme les autres », dit Françoise, trente-huit ans, hôtesse de l'air. Philippe, trente et un ans, fonctionnaire, explique : « Ce qu'on leur reproche, c'est d'être Iraniens, c'est d'être Lybiens, c'est d'avoir Khomeini et Kadhafi ».

L'Islam est un terme générique qui vient aggraver encore la condition d'étranger. Mal connu des Français, et sujet à des à priori, en particulier la paresse, l'indolence, il est jugé être un obstacle à l'assimilation. D'autre part, renvoyé par le prisme déformant des conflits du Proche-Orient, il apparaît aux Français comme un facteur de troubles : on l'associe spontanément à l'intégrisme, à l'intolérance, au fanatisme. « C'est du fanatisme, on retombe dans les guerres de religion », disent la plupart.

L'Islam, « C'est l'intransigeance, c'est l'autorité », affirme encore Françoise.

Le conflit libanais exacerbe les fantasmes. « Ce que je ne veux pas, c'est devenir comme le Liban où toutes les religions se battront », s'exclame une dame.

« L'ombre de Beyrouth plane sur Aix, Marseille ou Toulon », renchérit un Monsieur (1). Philippe, jeune fonctionnaire, plutôt ouvert aux étrangers, se montre plus rationnel : « Les Musulmans, c'est

---

(1) Propos rapportés par *Libération* du 11 juin 1985.

l'enlèvement de Jean-Pierre Kaufman, c'est le Liban, c'est les militaires morts ».

Certains Français semblent réellement craindre une sorte de libanisation de l'Hexagone : la formation supposée d'enclaves islamiques risquerait de créer des antagonismes à terme insupportables.

L'Islam serait-il autre chose qu'une religion débordant de ses attributions spirituelles pour envahir, en France, le domaine politique et social ?

L'appartenance à la religion islamique serait-elle incompatible avec l'appartenance à la nation française ?

Les Français sont parfois prompts à pratiquer l'amalgame.

Mais au-delà de cette peur de l'Islam, leurs propos laissent transparaître surtout le refus des « clans », des « noyaux », d'enclaves trop voyantes pour se fondre dans le mode de vie français.

Certains discours xénophobes ou racistes du passé sont là pour rappeler que d'autres communautés, jugées autrefois irréductibles à la nation française et présentées alors comme de véritables « ennemis de l'intérieur » sont à présent, aux yeux des Français, parfaitement assimilées. Mme F., qui fait de la religion l'obstacle majeur à l'intégration des Maghrébins, souligne aussi, par ailleurs, que « les Israélites ne posent pas de problèmes »...

En leur temps, les Juifs, mais aussi les Italiens, pourtant bons catholiques, et, plus loin encore, les protestants, chrétiens irréprochables, ont été l'objet d'accusations similaires. On a reproché aux uns leur « âpreté au gain », leur « corporatisme » ou leur « cosmopolitisme » incompatibles avec l'idée de patrie », aux autres leur « misère » trop voyante ou leur « saleté repoussante » ; aux derniers, enfin, leurs « privilèges » et leur foi différente. Tous, cependant, ont fini par se fondre dans le creuset de la France.

QUATRIÈME PARTIE

COMMUNIQUER POUR MIEUX VIVRE ENSEMBLE

Car le mot, qu'on le sache, est un être vivant.
Victor Hugo

En dépit de leurs divergences, de leurs hésitations, de leurs incertitudes et de leurs contradictions, les Français s'accordent tous pour reconnaître que la France est aussi une terre d'accueil.

Tradition séculaire qu'elle se doit de respecter.

S'ils n'hésitent pas, très souvent, à dire que les étrangers les dérangent, les Français expriment aussi une sorte de fierté nationale devant le sentiment d'appartenir à un pays « hospitalier ».

ENTRE L'OUVERTURE
ET LE REPLI

« On est la tête de proue de l'Europe. La France terre d'accueil, ça peut encore être vrai », pense Françoise. Les Français se rappellent aussi que la France est le résultat de nombreux mélanges contribuant à en faire une entité unique : « On a tellement de mélanges, du Sud, du Nord, que la France, c'est quelque chose de très spécial », dit encore Françoise. A quoi répondent comme en écho les lecteurs cités par *Le Nouvel Observateur* du 30 novembre 1984 « Quand donc fera-t-on comprendre qu'il n'existe sans doute pas un seul Français !... Nous avons peut-être tous un ancêtre wisigoth, arabe, autrichien, etc. ».

Quel Français peut affirmer être sans mélange ? semblent-ils dire. Selon le mot d'une institutrice, « nous sommes tous des immigrés ».

La plupart des entretiens le montrent : les Français reconnaissent que leur pays s'est construit *aussi* grâce à l'apport étranger. Par-delà les stéréotypes, les clichés, les idées à l'emporte-pièce, ils n'oublient ni l'histoire — en effet, la présence de travailleurs immigrés en France n'est pas un phénomène particulier à notre époque — ni les réactions diverses qu'elle a suscitées.

Tolérance ou hostilité, inquiétude ou xénophobie, voire racisme, sont des attitudes ou des
comportements observables d'un point de vue
historique. Dès le milieu du XIXe siècle, la France
accueillait chaque année près de 45 000 étrangers,
Belges et Italiens en majorité.

Au début du XXe siècle, leur nombre se stabilise
autour d'un million, (c'est-à-dire un peu moins de
3 % de la population totale), la loi de 1889 sur la
naturalisation permettant en effet d'en absorber
une partie dans la communauté nationale. Dès
1914, les besoins de l'économie de guerre, et
surtout la nécessité de redresser la courbe démographique française, qui tendait à s'infléchir dan-
gereusement (déficit des naissances, surmortalité
de guerre), relancent l'appel aux étrangers. En
1931, ils sont 2 800 000, soit 7 % de la population
du pays, chiffre voisin de celui d'aujourd'hui (entre
7 et 8 % selon les estimations).

L'immigration des années trente conjugue les
aspects économiques et politiques : aux Italiens —
qui resteront majoritaires jusqu'en 1960 — viennent s'ajouter les Polonais, mais aussi les réfugiés
politiques espagnols, les Russes, venant en vagues
successives depuis 1917, et les Juifs fuyant les
dictateurs d'Europe Centrale.

En 1936, sous l'effet de la récession économique,
les étrangers ne sont plus que 2 200 000, mais
l'expansion des années cinquante amène un nouvel
afflux de main-d'œuvre étrangère : aux Italiens
succèdent les Espagnols, puis les Portugais et les
Algériens. Le mouvement ne s'infléchira qu'au

milieu des années soixante-dix avec l'émergence de la crise.

Tous ces flux s'expliquent principalement par la faiblesse de la population active en France : partout, à la ville comme à la campagne, on manque de bras. Les pourcentages de l'immigration suivent ainsi la courbe démographique française, dont ils compensent la stagnation ou l'infléchissement dû aux « saignées » des deux guerres.

Les reflux, en revanche, correspondent aux grandes périodes de récession économique. Ils font naître ou exacerbent les tensions existantes : crainte de la concurrence étrangère dans le domaine de l'emploi, hostilité à l'égard des réfugiés politiques, considérés comme des facteurs potentiels de troubles. En témoigne la vague de xénophobie et d'antisémitisme qui s'étend alors sur le pays, étayée par la montée du régime national-socialiste.

Ces réactions négatives sont en quelque sorte compensées par le sentiment d'indécision, les doutes, les flottements, l'embarras qui caractérisent alors une large partie de l'opinion. Les Français semblaient résignés à la présence des étrangers : les uns étaient nécessaires à l'économie, les autres, réfugiés politiques, ne pouvaient être refoulés sous peine de ternir une certaine « image de marque » de la France.

Les Français d'aujourd'hui apparaissent partagés entre les mêmes sentiments contradictoires d'ouverture et de repli, qu'exacerbe encore davantage une immigration différente de celle que notre pays avait l'habitude de connaître.

D'un côté, les Français qui n'oublient pas les enseignements de l'histoire s'accordent à dire que la capacité d'accueil de la France reste le critère d'un pays en bonne santé. Ils portent une appréciation dans l'ensemble positive sur les inévitables métissages qu'elle entraîne et admettent volontiers être eux-mêmes issus des mélanges les plus divers. Ainsi, M. M., jeune informaticien aux PTT, accepte sereinement un avenir de métissage : : « l'avenir, c'est une France métissée : on ne cherche plus sa femme dans son village, on voyage. Les moyens de communication actuels produisent des métissages. La race blanche sera partout et nulle part, on est déjà en infériorité. » Mme F., tout en adoptant par ailleurs des positions plus réservées, pense également que le métissage n'est pas un risque pour la France : « Le métissage ? Aucun problème. Ça pose des problèmes aux métis, pas à moi. Je ne fais pas de différence, donc je ne comprends pas le racisme ».

Mais paradoxalement, les Français expriment la crainte de perdre une partie de leur identité au contact d'étrangers d'origine « lointaine » : les Maghrébins, les Africains noirs, les Turcs, les Asiatiques, autrefois en nombre insignifiant, occupent en effet à présent une place prépondérante, en tout cas la plus « visible » pour l'opinion.

Si 45 % des Français pensent que la présence d'étrangers appartenant à d'autres cultures est une chance pour la diversité et l'avenir de la France, 53 % se déclarent « plutôt pas d'accord », ou « pas du tout d'accord » (1). Un « refus » majoritaire,

(1) Rapport 3 SC 1985 - cf. Annexe n° 4.

donc, qui semble traverser preque toutes les classes d'âges, à l'exception des quinze/vingt ans et des vingt-neuf/trente-quatre ans.

M. D., cadre commercial de quarante-cinq ans, exprime les contradictions de cette France un peu frileuse, volontiers repliée sur elle-même dans la peur de voir se dissoudre ce qui fonde à ses yeux la communauté nationale : « Un Français, c'est un mélange de tout, ça ne me choque pas », commence-t-il en effet par dire, puis, un peu plus loin : « je préférerais moins de naissances et de bons Français. On trouvera une solution pour les retraites des Français, ce n'est tout de même pas ça qui justifie « leur » présence ? Je préfère moins de gens, mais de la qualité ».

En somme, M. D. se fait ici le chantre d'une pureté française, tout en admettant la valeur d'un mélange dont il est lui-même issu... Ambiguïté, mais aussi dangereux simplisme, qui naît d'un sentiment aigu de frustration et qu'une situation où l'on encourage sans nuances une politique de mélanges tous azimuts risque fort d'amplifier. Jean-Marie Domenach souligne (2). « Tout mélanger est une mauvaise manière de préparer le mélange indispensable (...) Pour éviter la dissolution, l'éclatement, il faut affiner l'originalité nationale et les principes démocratiques d'autant plus clairement que l'immigration est ressentie comme une menace dans la mesure où non seulement l'emploi se raréfie, mais où encore l'identité faiblit. (...) quand on ne sait plus très bien qui l'on est, l'autre paraît redoutable ».

(2) In *l'Expansion* 7 - 20 juin 1985.

A l'opposé du refus sans nuances de M. D., Mme L., vingt-six ans, infirmière, estime que « la France doit être un pays ouvert, inscrit dans l'Europe, non nationaliste ».

Mme F., trente-six ans, exprime pour sa part un avis partagé par la majorité des personnes interrogées : « La France, doit rester accueillante », mais, précise-t-elle, « elle n'a pas vocation à changer ».

La France est un pays d'accueil et une terre d'asile, disent les Français ; elle doit maintenir cette tradition qui contribue aussi à son rayonnement par-delà les frontières. Mais de l'avis général, l'étranger qu'elle accueille doit s'adapter à ses traditions, et non l'inverse. Et pour cela, peut-être, se sentir lui aussi un peu Français...

Amenés à réfléchir sur la question des immigrés en France, les Français en viennent ainsi à se poser la question de leur propre identité.

Qu'est-ce qu'être Français ? Certains expriment dans leurs réponses comme un regret désenchanté : « être Français ? C'est rien du tout maintenant ! Dommage. Ma terre France, je l'aime », dit Françoise, trente-huit ans.

Pour François, trente-cinq ans, « c'est comme être Anglais, c'est une mentalité ». De l'avis général, cependant, être Français, c'est avant tout partager un patrimoine, un passé et des traditions communes : « Etre Français, c'est avoir des souvenirs, une histoire en commun », dit Philippe, trente et un ans, fonctionnaire. Et il ajoute : « C'est vrai, j'étais apparemment pour l'assimilation des étrangers en France, mais ils n'ont pas cette histoire en commun. Les jeunes Beurs, ils l'auront. Pour être

Français, conclut-il, il faut vouloir vivre en France ».

Ainsi, pour les Français, l'identité française, dont certains se sentent parfois « dépossédés », n'est pas quelque chose d'innée : elle peut aussi s'acquérir, mais à condition d'en manifester clairement le désir, et d'accepter les valeurs qui fondent pour eux la communauté nationale, en se pliant aux coutumes du pays, à ses habitudes, à son « état d'esprit ». A cette condition, disent-ils, les enfants d'immigrés nés en France, et qui souhaitent y rester, pourront être des Français de plein droit.

Les Français, semble-t-il, acceptent mal le partage : être Français tout en revendiquant l'identité arabe de ses parents choque leur volonté « assimilatrice ». Etre Français, disent-ils, c'est s'engager à part entière dans le destin du pays. Certes ils sont conscients du malaise des jeunes de la deuxième génération, qui « sont mal partout », écartelés entre deux identités, déchirés entre deux cultures. A cheval entre deux sociétés, entre deux mondes, ils ont du mal à tout concilier. Mais à terme — « peut-être faudra-t-il des générations » ? — ils devront assimiler, disent les Français, les valeurs et les comportements de leur pays de naissance et d'adoption, pour se constituer cette « hérédité géographique » dont parle Mme F. : « On est Français parce qu'on a un point d'attache quelque part, une sorte d'hérédité attachée à une région. Ces gens-là ont une origine profonde dans un autre pays. Il faudra une ou deux générations ». Une chose est sûre : pour elle, « Les Beurs, ils sont Français, point final ! ».

Français ou étranger : l'un *ou* l'autre, car aux yeux des Français, il n'existe pas d'alternative. Se réfugier dans une sorte de non-choix, un pied ici, l'autre là-bas, ne leur paraît pas acceptable. Dominique Jamet (1) résume ainsi le choix devant lequel les immigrés et les enfants d'immigrés sont placés : « Il y a les travailleurs étrangers, venus chez nous sans l'intention d'y faire souche, et auxquels la situation présente de notre économie et de notre pays impose de choisir entre l'installation définitive et le retour. Il y a leurs enfants, ceux de la deuxième génération, dont nos lois font des Français, mais qui ne devraient pas l'être s'ils n'en éprouvent pas le désir, s'ils n'en manifestent pas la volonté. Un Beur n'est qu'un Arabe à l'envers, à lui de décider s'il veut devenir un Français à l'endroit ».

La volonté d'intégration se manifeste clairement chez l'ensemble des personnes interrogées. Le principal obstacle est, à leurs yeux, la différence culturelle et à cet égard, l'Islam représente pour eux une véritable frontière qui s'oppose à l'assimilation.

L'Islam a une conception de la vie familiale et de la vie publique très éloignée des conceptions françaises d'origine essentiellement judéo-chrétienne. Il ne fait pas la distinction du spirituel et du temporel et tend, de ce fait, à régir tous les domaines de la vie publique et privée. Sur les 2 500 000 musulmans vivant en France 1 200 000 sont d'ores et déjà Français : 500 000 rapatriés et

(1) in *Le Quotidien de Paris* du 14 juin 1985.

600 000 enfants d'immigrés, essentiellement les jeunes d'origine maghrébine. Comment les Français de souche voient-ils à terme, leur intégration dans la communauté nationale ?

Les réponses font apparaître que si les Français restent attachés à la tolérance religieuse, ils refusent des pratiques manifestant de façon trop tangible leur « différence », jugée par certains incompatible avec le mode de vie français : « Il peut y avoir un petit mélange de coutumes », dit Robert, quarante-neuf ans, imprimeur : « question de dosage ».

« Un salarié dans une entreprise française, s'il fait le ramadan, il va avoir quelques petits problèmes ! » souligne François, trente-cinq ans, courtier maritime. Et M. D. de renchérir : « Des mosquées dans les usines, non ! ».

Les Français s'accordent donc sur la liberté de chacun de pratiquer le culte de son choix. Ils y mettent cependant une condition pour eux impérative, la discrétion. La France, disent-ils, est un pays « chrétien », et la mosquée ne fera jamais partie du paysage français, à côté de la cathédrale médiévale. Ils sont dans leur ensemble plutôt défavorables à la construction de mosquée, jugée trop « voyante » : « un minaret ça se voit comme le nez au milieu de la figure... ». Les réponses des maires interrogés à ce sujet (1) sont particulièrement significatives : si aucun ne se déclare opposé au principe de construction d'une mosquée sur le territoire communal, presque tous s'empressent de

_____

(1) in *Le Quotidien de Paris* du 18 Septembre 1985.

préciser : « mais pas dans le centre ville », c'est-à-dire, là où elle se heurterait de façon trop voyante au paysage urbain français.

Aux yeux de l'opinion, le désir des musulmans d'avoir leurs lieux de prière est légitime. Mais il doit s'adapter, là encore, au mode de vie français, s'inscrire dans l'environnement sans le modifier trop profondément.

En d'autres termes, les Français acceptent que les musulmans pratiquent leur culte en toute liberté, mais dans la réalité, ils l'assument mal. L'Islam, on l'a vu, est souvent associé au fanatisme, au sectarisme, et son extension, pensent-ils, ne peut que compliquer les problèmes de cohabitation. Ce qu'ils préconisent, c'est au contraire « une sorte de consensus non religieux ».

Chez les jeunes générations d'origine maghrébine, l'abandon progressif des pratiques religieuses, sous l'effet du « moule » français, jouera en faveur de leur assimilation.

Cependant, les Français ont conscience que cette « marche » vers l'intégration ne se fera pas sans heurts, et qu'en l'absence de mesures appropriées, le nombre des étrangers en France et les problèmes de cohabitation qu'il engendre ne feront qu'augmenter. Loin de croire que le problème de l'immigration va aller en s'estompant, ils ont le sentiment qu'il risque au contraire de s'amplifier.

« Les problèmes risquent d'augmenter », dit Michèle, trente-sept ans, technicienne de fabrication. « Il y aura de plus en plus d'étrangers en France si le Gouvernement français ne fait rien. » Madeleine, cinquante ans, gardienne d'immeuble, exprime également ses craintes : « Et il y aura de plus en plus de violence aussi ».

Certains s'inquiètent de « l'engouement pour toutes ces religions, ces sectes », mais le sentiment prédominant est l'imminence d'un danger prenant parfois les allures d'un véritable cataclysme : « S'il n'y a pas de politique gouvernementale... les étrangers vont arriver, ça fait un peu cataclysme, toutes ces religions prennent de plus en plus d'importance, quand ça va mal... » dit Philippe, jeune fonctionnaire.

Les Français ont le sentiment de changements rapides et mal maîtrisés, qui comportent à terme un risque de rupture. D'une part ils pensent qu'avec l'arrivée massive d'étrangers introduisant des coutumes et des traditions si différentes des nôtres, « les choses vont trop vite ». D'autre part, ils estiment que l'assimilation des nouveaux arrivants « du Sud » est aujourd'hui trop lente pour ne pas remettre en question, parfois, la capacité d'accueil de la France.

La majorité d'entre eux exprime une inquiétude face à l'avenir qui les conduit à redéfinir les limites de leur propre tolérance.

LA TOLÉRANCE
SOUS CONDITIONS

La tolérance, « c'est ne pas interdire ou exiger alors qu'on pourrait », dit le dictionnaire.

La définition même de la tolérance implique l'idée de faire effort pour déroger à ses principes, sous la contrainte d'une situation donnée. Elle se trouve donc située entre deux pôles : l'excès de rigueur et le laxisme, l'un et l'autre traduisant l'aveuglement devant la réalité.

L'immigration, aujourd'hui, est vécue chez les Français comme une contrainte. En période de crise économique, lorsque sévit le chômage, nous avons vu que la présence en nombre d'étrangers dont beaucoup demeurent clandestins, agite les esprits et engendre l'inquiétude.

Dans ce contexte, pour que cette contrainte ne confine pas à l'intolérable, il paraît nécessaire aux Français de préciser dans quelles conditions il leur convient d'exercer leur tolérance. Ce qui revient à préciser les devoirs et les droits des étrangers résidant sur leur sol. La tolérance, semblent rappeler les Français, ça se mérite.

Laissons d'abord la parole à trois jeunes femmes

qui, chacune à leur manière, expriment une première condition à la bonne entente :

« Vivre en France, c'est vouloir vivre comme les
Français et d'abord travailler » : Mme F. a trente-
six ans, est mariée à un cadre de banque et a deux
enfants. Elle travaille comme fondé de pouvoir de
sociétés familiales et habite le XVIᵉ arrondissement
de Paris. Catholique pratiquante, elle représente
une bourgeoisie ouverte, attachée aux valeurs
traditionnelles de son pays. « Venir en France,
c'est accepter les mœurs françaises » dit-elle, « au
même titre que les Français séjournant à l'étranger
se doivent de respecter les modes de vie locaux : Je
ne mets pas de mini-jupe dans le Maghreb, ni de
bikini en Espagne. Je refuse que nos voisins
français fassent la nouba toute la nuit, je ne vois
pas pourquoi je l'accepterais pour des étrangers ».
Mme F. n'entend pas laisser dilapider des acquis
qui lui paraissent justifiés par l'effort séculaire de
son milieu et de son pays. La famille et le travail
sont pour elle les valeurs fondamentales et qui ne
souffrent pas la remise en question. Et de même
que la famille a des capacités de partage et
d'accueil limités, la collectivité nationale a le droit
et le devoir de préserver ses équilibres spécifiques.
Les étrangers doivent être confrontés aux mêmes
impératifs que les Français. Tout ne leur est pas dû,
pas plus qu'aux Français. Mme F. estime qu'un
étranger en France est là pour travailler. S'il est au
chômage et n'a pas de chance de retrouver du
travail, il lui paraît normal qu'on l'aide à retourner
chez lui. « Nous n'avons plus les moyens d'entrete-
nir tout le monde », dit-elle. « Il faut pouvoir

expliquer aux étrangers que les Français ne bénéficient pas des mêmes avantages dans leur pays ».

Moins attachée aux valeurs traditionnelles, plus jeune aussi, et prête à remettre en question certaines frontières mentales, Mme L., vingt-six ans, installée à Paris récemment, professe une morale de l'ouverture pas si éloignée du pragmatisme de Mme F. : « Les Français ont un mode de vie, ils travaillent dur et n'ont pas les moyens de faire la fête : c'est horripilant de voir les immigrés faire la nouba la nuit ». Son argumentation, si elle s'appuie sur des principes plus humanitaires, n'en veut pas moins dire la même chose : les étrangers arrivant en France sont tenus de respecter certaines règles ; à cette condition, il lui semble nécessaire que les Français leur donnent les moyens de se débrouiller à l'intérieur de nos contraintes. Consciente, comme Mme F., qu'« on ne peut s'ouvrir à tout vent », elle préconise également la qualité de l'accueil : « me protéger pour les protéger », dit-elle, ce qui signifie les accepter dans les conditions similaires à celles des Français et entre autres, refuser le travail clandestin, source d'exploitation et affront à l'égard des Français au chômage. Il y a une sorte de contrat moral à définir entre le Français et l'étranger, contrat stipulant, de part et d'autre, des droits et des devoirs. Mlle R., elle, est née au Maroc, d'un père algérien et d'une mère française d'origine italienne. Elle se dit « ni Française, ni étrangère », car cela n'a pas de signification pour elle. La seule chose qui compte, c'est qu'elle ait « une voix dans la société française ».

En d'autres termes, elle ne revendique qu'elle-

même, et n'accepte pas de se soumettre au discours
d'une communauté, quelle qu'elle soit. Elle craint
l'enfermement sous toutes ses formes : « Nous
sommes des individus qui choisissons nos apparte-
nances, c'est pourquoi l'étranger, du seul fait qu'il
est en France, ne peut se comporter comme avant.
Il doit respecter les normes sociales. Il ne peut se
permettre de faire ce que bon lui semble dans des
immeubles mal adaptés. Le respect de l'autre, cela
marche à double sens : Si je vois une Africaine mal
fagottée, ça ne me gêne pas, je le regrette pour
elle. Mais le bruit, c'est l'agression. Il faut savoir
analyser les gênes ».

Rester un individu, donc, mais à l'intérieur d'un
cadre donné : « ce qui semble inacceptable, c'est
de refuser de faire partie de toute communauté ».

Trois portraits, trois opinions, mais qui se rejoi-
gnent néanmoins sur un principe essentiel : vivre
en France, c'est un choix responsable ; il ne doit
jamais aller à contrario d'un certain mode de vie, et
il implique le respect d'au moins une valeur essentielle : le travail.

C'est le tribut à payer pour faire partie de la
communauté nationale. Une communauté qui a
aussi des traditions dans son mode de vie.

L'hospitalité a en effet ses lois auxquelles il
convient, pour les Français, de ne point déroger :
la politesse et la discrétion. « Les immigrés sont en
France : ils ne peuvent ignorer le peuple français »,
dit ce jeune infirmier de vingt-quatre ans qui, à
l'instar de Mlle L., pratique une sorte de morale de
l'ouverture.

La politesse implique des règles de conduite

élémentaires : « cracher par terre, parler fort, faire du tam-tam ou écrire des graffitis dans le métro, c'est dérangeant, mal élevé, et pas plus tolérable de la part des Français que des étrangers ».

La discrétion, pour sa part, suppose de se plier à un certain nombre de devoirs, certes plus contraignants, mais qui, s'ils ne sont pas respectés, rendent impossible toute cohabitation sereine et favorisent les réactions de xénophobie, voire de racisme. « Il faudrait qu'ils respectent notre façon de vivre », s'emporte Pierre Schiele, Maire en Alsace. « Je n'accepte plus qu'on tue un mouton sur le balcon — avec le sang qui goutte sur les géraniums de l'appartement du dessous... » (1).

Occuper décemment l'espace sans importuner le voisin est une revendication constante dont s'inquiètent à juste titre nombre d'élus locaux.

La barrière de la langue est également ressentie comme « une gêne, un refus de la communication qui favorise le mépris et ouvre la porte aux incompréhensions les plus cruelles ».

Un trait de caractère national — notons-le au passage — est la raillerie facile et le manque d'indulgence à l'égard des étrangers qui manient mal la langue. Inutile, toutefois, de provoquer ce genre de comportement, notent ceux des Français qui manifestent la plus grande tolérance à l'égard des immigrés. Sur le territoire d'accueil, tous les Français s'accordent : c'est la langue d'adoption qui prime. Mlle R., notre jeune Française métis-

(1) Propos rapportés par Marie Muller in *Le Nouvel Observateur*.

sée, peut en parler en toute connaissance de cause : « Ce que j'ai à défendre ? C'est la langue française. Ce n'est du reste pas du nationalisme. Qu'elle soit défendue par des Français ou par d'autres, ça m'est égal. Il faut « contraindre » les petits étrangers à *bien* parler le français, ce qui n'est pas exclusif de leur langue maternelle. Mes parents ont été à mon égard très intégrateurs, en pensant que cela allait m'aider ». La barrière linguistique amène les Français à évoquer une difficulté qui leur tient à cœur et nourrit nombre de débats et de querelles : la scolarisation des enfants d'immigrés.

Question complexe s'il en est et qui éveille chez beaucoup de Français, — même chez ceux à qui cela pose des problèmes de conscience et qui se refusent à l'avouer — l'idée d'une menace pour leurs propres enfants.

Ainsi, s'exprime Mme F. : « à l'école, c'est vrai que ça pose des problèmes, souvent de niveau, cela entraîne un retard général sur le plan du français ».

Peur d'un « nivellement par le bas » dont on ne peut ignorer la réalité devant les difficultés certaines des instituteurs exerçant dans les quartiers à forte proportion d'immigrés et qui incite effectivement bien des Français à recourir à l'école privée. « Dans ce quartier de la Goutte d'Or, dont les rues ont des allures de villages et les boutiques des odeurs et des couleurs de marché africain, on envoie plutôt son fils ou sa fille à l'école privée près de la place de l'Eglise », rapporte Gérard Petit-Jean (1) dans un reportage sur ce quartier.

(1) Publié in *Le Nouvel Observateur* du 7 décembre 1984.

On l'a déjà vu précédemment, les Français acceptent de faire partager aux immigrés les avantages sociaux du système français à condition qu'ils viennent s'installer en France pour y travailler et apporter leur part à l'économie du pays. On a également noté que, selon les Français, le droit de vote ne pouvait être accordé qu'aux citoyens à part entière de leur pays. Tout au plus a-t-on constaté quelques ouvertures au droit de vote pour les municipales. Mais dans l'ensemble, les Français paraissent ne pas vouloir confondre droits de l'homme et droits du citoyen. Il faut à ce propos remarquer qu'il est des Français pour trouver -abusives les revendications syndicales de certains immigrés, qui leur semblent trop prendre l'allure de revendications politiques mal venues sur le territoire d'accueil. Les grèves des ouvriers Maghrébins chez Talbot ont été mal perçues dans une partie de l'opinion : « se battre pour l'outil de travail, on veut bien l'admettre, cela s'intègre à la conception française de la dignité humaine. » Mais y mêler la politique ressemble fort à une provocation, au détournement d'un droit social au profit d'une idéologie ! « Ca me choque terriblement qu'on fasse d'un conflit social un cheval de combat » s'indigne Mme F. ; ou M. D. ; cadre commercial : « Aka Ghazi prétend dicter sa politique au Gouvernement. Intouchables, des types comme ça ».

Car s'il y a bien une chose que les Français refusent absolument, c'est qu'on importe chez eux les conflits politiques de son pays d'origine. La France apparaît comme une contrée paisible dans un monde déchiré par les conflits. Sa réputation de terre d'asile ne doit pas jouer à l'encontre d'elle-même. Le cas de l'Ayatollah Khomeyni reste dans les mémoires : on suspecte l'Islam de servir de prétexte à l'intrusion d'agitateurs politiques.

Le respect de la différence ne doit pas, pour les Français, être assimilé à une revendication agressive de sa différence. Les immigrés musulmans qui transmettent à leurs enfants leurs croyances et leur héritage culturel ne doivent pas oublier qu'ils bénéficient aussi de notre système d'éducation et qu'ils sont donc élevés dans les principes, chers aux Français, de la démocratie.

En ce sens, pour certains Français, l'acquisition automatique de la nationalité accordée aux jeunes musulmans de la seconde génération ressemble fort à une commodité pour acquérir un statut national plus avantageux que celui proposé par le pays d'origine. Une sorte de naturalisation d'intérêt, qui se traduit chez les jeunes Maghrébins, comme l'écrit Michel Pericard, Député-Maire de Saint-Germain-en-Laye, « par un double phénomène de rejet : rejet de la politique du retour pour des raisons d'intérêt et rejet de l'adhésion à une identité nationale pour des raisons socio-culturelles et affectives ». Le beurre et l'argent du beurre, en quelque sorte. L'acquisition de la nationalité française devrait en effet, pour beaucoup de Français, représenter un choix volontaire et responsable.

La perspective est donc claire pour l'ensemble des Français : l'assimilation. « L'idée fausse, c'est le droit à la différence. Non, on s'adapte », dit Mme F.

Ce n'est pas le refus de l'autre qui s'exprime ainsi. C'est tout simplement que l'on préfère un processus conduisant vers la naturalisation à une communauté déchirée entre nationaux et immigrés. En fait, quelles que soient les nuances apportées, les Français comprennent l'assimilation comme la manière par excellence de traiter l'autre comme son semblable. Ce qui n'empêche pas d'admettre les problèmes spécifiques des immigrés liés à la situation de leur pays d'origine comme à la crise économique ici.

LA VOLONTÉ DE COMPRENDRE

Les Français savent que le problème de l'immigration déborde largement des frontières de l'Hexagone. Informés par les médias, sensibilisés par les campagnes d'aide au développement du tiers monde, ils n'ignorent pas que si les étrangers viennent travailler en France, c'est d'abord parce que leurs pays d'origine n'ont pas de travail à leur offrir. La forte poussée démographique des pays du Sud, un développement industriel encore très insuffisant pour pouvoir absorber ces surplus de main-d'œuvre, le chômage pléthorique qui en découle, sont générateurs d'une misère insupportable poussant les habitants les plus démunis à s'expatrier. Tous les aléas d'un déracinement souvent douloureux s'effacent alors devant l'espoir d'un « mieux-vivre ». Les Français comprennent donc que les étrangers pauvres aient envie de venir vivre dans des pays riches. Désir légitime et parfois encouragé par les pays d'origine. Bien des pays semblent même inviter de façon systématique, leurs ressortissants au départ : « Il faut expliquer aux Français que si on vient en France, ce n'est pas seulement parce qu'on y est mieux. Il y a une forte pression dans ces pays pour l'émigration. Et pour pouvoir revenir, il faut être riche, avoir réussi sinon on n'est pas accepté », dit Mlle R., Française née de père algérien. Conscients de l'attraction puissante exercée par leur pays, les Français savent aussi que toute politique d'incitation au retour doit tenir compte de cet aspect essentiel : « même si le désir de retour est vivace chez les immigrés, — le succès de l'opération « aide au retour » mise en place par Jacques Calvet chez Talbot en témoigne — on ne revient pas dans son pays d'origine si l'on n'a pas quelque certitude de pouvoir s'y réinsérer de façon acceptable. On ne veut pas risquer de devenir un étranger parmi les siens ».

Si les Français expriment tous de l'irritation, voire de la crainte, devant les fortes concentrations d'immigrés qui leur semblent constituer autant d'enclaves hostiles, ils comprennent néanmoins que les étrangers aient envie de se regrouper : « Il est naturel de se regrouper, dit Philippe, trente et un ans, fonctionnaire ». « C'est logique qu'ils veuillent se regrouper », pense aussi M. D., quarante-cinq ans, cadre commercial. Déracinés, coupés de leur pays d'origine, immergés dans une société très différente de la leur et où ils ont souvent du mal à s'orienter, les immigrés se retrouvent spontanément entre eux pour maintenir leur langue et leur culture : « Se regrouper c'est un phénomène naturel quand on est isolé à l'étranger », constate aussi M. M., jeune informaticien habitant le XIIIe arrondissement. « Ce n'est pas un phénomène d'accueil, mais de mode de vie. A

Chinatown, ils sont organisés, ils vivent comme là-bas ».

Mais on sait aussi que ces ghettos souvent mal contrôlés par les services français, peuvent engendrer des troubles. La solution ? M. M. suggère de limiter ces regroupements, de ne pas les laisser prendre une extension démesurée : « Réserver des bâtiments, d'accord, mais pas une cité, et exiger dans les lieux habités par les étrangers tous les services français ».

Essayer d'éviter la vie en commun d'étrangers relève cependant de la quadrature du cercle : « C'est naturel de vouloir se regrouper, ça paraît assez soluble, on se réfugie avec les gens que l'on connaît », dit Philippe, qui ajoute : « Quand on rencontre une voiture de Français à l'étranger, on a presque un mouvement vers eux, c'est la même chose ». Quant à Robert, imprimeur, il remarque : « Il y a des concentrations de Bretons à Montparnasse... Les Français, c'est pareil : en groupe... ».

De même que les provinciaux fraîchement « débarqués » à Paris ont tendance à se retrouver entre régionaux, avec ceux qui leur rappellent leur pays d'origine, de même les étrangers essaient de recréer sur leurs lieux d'habitation un bout de la terre natale : commerces, restaurants, associations sportives et culturelles, lieux de cultes où l'on parle la même langue, où l'on partage les mêmes soucis et où l'on évoque les souvenirs communs. Que l'on soit d'ici ou d'ailleurs, les réflexes sont similaires.

Les réactions des Français montrent qu'ils se gardent bien de toute vision simpliste de la réalité, et qu'ils récusent tout manichéisme. « Tous les

étrangers ne sont pas des barbares, et tous nos
compatriotes ne sont pas civilisés », disait La
Bruyère en son temps. Dans *Le Nouvel Observateur* du 30 novembre 1984, un correspondant fait
remarquer : « Je peux avoir peur des loubards et
des délinquants... Les deux seules fois de ma vie où
j'ai été agressé par des loubards, ce n'était pas des
immigrés ».

En réalité, la majorité des Français pense être
dans le fond, et au-delà des différences compréhen-
sibles, « identique » aux étrangers. « Les Français
font exactement les mêmes choses », dit Philippe.
Mme L. constate : « Dans le métro, les femmes
lisent Femme Actuelle. C'est la même idéologie ».
Yvonne, quarante-quatre ans, standardiste à EDF,
est du même avis : « C'est pareil, il y a des bons et
des mauvais partout, des étrangers nécessaires et
des étrangers parasites ».

Mais les Français comprennent aussi que l'isole-
ment des étrangers entraîne parfois des comportements agressifs vis-à-vis de l'extérieur. Peu intégrés, disent-ils, les immigrés se sentent « mal dans
leur peau, refusés des Français ». Les difficultés de
communication, l'incompréhension à laquelle ils se
heurtent parfois conduisent à des tensions d'où
peut surgir la violence. « Aux Minguettes, si les
immeubles étrangers sont plus dégradés, c'est
parce qu'il y a de la révolte contre la société
environnante », explique M. M. informaticien aux
PTT. Se sentant en situation de faiblesse et d'infériorité, souvent en butte à des réactions de rejet,
d'hostilité, de xénophobie, voire de racisme, les
immigrés répondent par une revendication de leur

« différence » qui prend, parfois, la forme d'une provocation. Les Français ne refusent cependant pas de prendre en compte les aspects positifs de la présence des étrangers.

Car les Français s'accordent pour reconnaître que la présence des immigrés a d'abord été organisée par la France. En effet, pour les milliers d'étrangers venus chercher du travail chez nous au moment des grandes vagues d'immigration, l'accueil était loin d'être désintéressé. Main-d'œuvre à bon marché, souvent plus docile que les ouvriers de notre pays bien encadrés par les syndicats, les travailleurs immigrés ont fourni à l'économie française la force de travail qui lui faisait défaut dans les grandes périodes d'expansion. Aujourd'hui encore, les immigrés servent à pourvoir nombre d'emplois pénibles, sous-payés, peu qualifiés, et remplissent des tâches nécessaires à l'économie, rebutant encore la plupart des Français malgré le chômage et la crise économique : « Les travailleurs immigrés font des travaux dont les Français ne veulent pas », dit Madeleine, gardienne d'immeuble. M. M., vingt-quatre ans, informaticien, estime, pour sa part, qu'il faut accepter de payer les coûts de l'histoire : « Je ne vois pas la possibilité de renvoyer ceux qu'on a, l'histoire ça se paie. Un être humain n'est pas un kleenex qu'on peut facilement jeter après usage ». Mme F., se dit prête, elle aussi, à « accepter les séquelles d'une histoire liée au colonialisme et à l'expansion industrielle, dont nous sommes bénéficiaires ». De l'avis général, des étrangers qui ont pris leur part au développement de la France ne doivent pas servir de boucs émissaires aux difficultés actuelles, ni être traités par le mépris sous prétexte qu'ils ont des modes de vie différents des nôtres.

Les Français admettent qu'au Sud de la Méditerranée, on ait d'autres coutumes, d'autres traditions, d'autres façons de vivre : « Les modes de vie sont différents : se réunir en groupe, parler sur le balcon, étendre le linge à l'extérieur... », constate Mlle R. Ils avouent d'ailleurs être sensibles à un certain exotisme : « Je suis une voyageuse passionnée ; dans ma rue, je fais le tour du monde », dit Mme L., qui habite le XVIIIe arrondissement. Plaisir du dépaysement (« Chaque jour, je rencontre un visage venu d'ailleurs ») allié au nécessaire respect de l'autre : « un Maghrébin, un Malien rencontrés dans des sorties... Pour moi, c'est des amis, même si je ne suis pas toutes leurs coutumes. On respecte ! » conclut Bernard, vingt-six ans, employé hospitalier. Mais cette ouverture à la différence ne prend pas un caractère systématique. Les Français, que l'on décrit volontiers casaniers, aiment aussi se retrouver « chez eux ».

LE DÉSIR D'ÊTRE INFORMÉ

S'ils manifestent un certain goût de l'exotisme, la confrontation au quotidien avec des modes de vie et de culture très éloignés des leurs finissent par créer des blocages inquiétants qui désarment les uns, irritent les autres et poussent certains à des extrémités redoutables. Le climat peut alors devenir malsain et propice à l'exploitation idéologique des peurs engendrant le racisme. Le racisme, selon Albert Levy, secrétaire général du Mouvement contre le racisme et pour l'amitié des peuples (MRAP), est une « mystification ». Il commence à se manifester à partir d'une manipulation de l'opinion. Les trois acteurs de cette mystification sont la victime, l'accusateur (mystifié) et le mystificateur. « Ce dernier peut s'appuyer sur certaines traditions idéologiques, ou des données de la situation présente, mais celles-ci ne suscitent pas spontanément le racisme : une intention délibérée est nécessaire pour qu'il prenne corps, s'implante dans les mentalités. L'action des médias est décisive pour favoriser ou empêcher ce processus ».

Les médias... Les Français s'en méfient tous mais ne peuvent s'en passer. Ils n'y cherchent pas seulement l'information, mais l'image de ce qu'ils sont, ou de se qu'ils croient être. L'impact des médias est alors énorme, et leur action à double tranchant : l'information qu'ils choisissent de diffuser risque d'aboutir à la déformation de la réalité. Mais, les Français, s'ils la pressentent confusément, sont-ils prêts à résister contre cette forme possible de manipulation ? Ils s'en inquiètent particulièrement en ce qui concerne les faits divers liés aux Maghrébins.

La méfiance à l'égard de l'autre est un trait du caractère national, qui joue souvent à l'encontre des Français eux-mêmes. « Nous en sommes tous les victimes », dit Mlle L., racontant l'anecdote suivante : Assise à la terrasse d'un café de Gordes, où elle passait ses vacances, elle demande au conducteur d'une voiture qui vient de se garer juste devant, bouchant la vue, s'il veut bien déplacer son véhicule. « Je suis de Gordes, je me gare où je veux », grogne celui-ci. « Il y a du racisme anti-étranger partout en France. Un rien suffit à enflammer la mèche », conclut-elle.

C'est précisément là, s'alarment les Français, qu'intervient l'action des médias : l'écho donné aux moindres écarts des Maghrébins leur paraît être parfois une incitation latente à la haine raciale. L'exploitation du thème de l'insécurité fait naître chez le simple citoyen de sourdes peurs, le sentiment d'être constamment agressé. Quant aux Maghrébins qui se sentent choisis comme boucs émissaires, ils ont parfois des réactions de violence qui aboutissent à de « regrettables bavures ». Le « réflexe du fusil », devenu malheureusement assez fréquent, risque d'être justifié par des alibis de légitime défense, peu convaincants dans la réalité. La patrie des droits de l'homme, dont les valeurs morales se fondent sur le respect de l'autre et qui se targue d'une tradition d'accueil séculaire, ne devrait pas, selon les Français, se donner les raisons d'avoir honte d'elle-même.

Si les crispations xénophobes existent en France, elles sont beaucoup plus liées à la conjoncture qu'à l'évolution des mentalités. En effet, les 25 % des Français, tolérant difficilement la cohabitation avec des étrangers menant un mode de vie différent du leur, représentent une partie de la population particulièrement résistante aux changements. Formalistes, peu expressifs, fermés aux autres, ils ressentent un désarroi réel devant les mutations de la société, et ne se retrouvent plus dans le monde contemporain. Ils ont le sentiment d'avoir perdu les racines qui leur permettaient de consolider et de transmettre leur héritage culturel. Alors, on adopte des comportements hostiles : « certains commerçants, dans mon quartier, ont des comportements racistes à l'égard des Maliens du foyer proche : ils ne rendent pas la monnaie exacte. J'ai fait la remarque, le commerçant a fait celui qui s'était trompé ! » « Chez les vieilles personnes, aussi, on surprend des conversations : « on n'est plus chez nous », raconte M. M., jeune infirmier résidant dans le XIIIᵉ arrondissement de Paris.

Une évolution trop rapide de la société française pour des mentalités craintives et une conjoncture défavorable ont entraîné des positions de fermeture et même des réactions radicales.

A l'opposé, on assiste à la montée d'une autre mentalité, sensible à la complexité des situations et très soucieuse de se mettre à la place de l'autre. Bien des représentants de cette nouvelle attitude estiment « tout à fait sympathiques que des étrangers installés en France continuent à y vivre un peu de la même manière que chez eux » (1). Ces personnes se révèlent profondément attachées aux traditions régionales, à l'aise dans leur environnement et parfaitement intégrées dans la culture française. Elles ne se sentent pas menacées par la multiplicité des modes de vie au sein de la société française.

Sauf rupture grave de la situation économique et du tissu social français, la montée de la xénophobie devrait donc atteindre un plafond. Cela limite alors le danger de certaines prises de positions maximalistes dont la violence inquiète, à juste titre, l'opinion française. Car l'immigration reste, pour la majorité des Français, une question préoccupante. Ils ressentent dans l'ensemble l'urgence d'une politique cohérente, inexistante à leurs yeux jusqu'à présent. S'ils le déplorent, beaucoup reconnaissent que le débat n'a pu être lancé qu'à partir du moment où l'extrême-droite, dans un but électoraliste qui n'échappe pratiquement à personne, a fondé sa campagne sur ce point névralgique. Aucune des solutions qu'elle a préconisées ne semble pourtant recueillir l'assentiment de l'opinion. Quant aux autres formations politiques, elles ne

(1) Rapport « 3 S C » 1985 — Annexe n° 2.

semblent pas offrir, aux yeux des Français de vraies réponses aux vraies questions.

Les politiques à courte vue leur paraissent bien égoïstes devant l'ampleur d'une question qui met en danger l'équilibre des relations européennes avec les pays du tiers-monde. Car ce qui était un problème régional, puis interne aux pays européens, touche maintenant aux immenses populations des pays pauvres qui cernent le petit — mais riche — espace européen. L'acuité du conflit au Proche-Orient et ses répercussions internationales soulèvent d'autre part des inquiétudes très spécifiques. A l'intérieur, l'Islam se prête mal à une dilution au sein des comportements français ; à l'extérieur, la pression « arabe » se manifeste de plus en plus fortement. La conjonction de ces deux phénomènes débouche sur une violence qui fait peur aux Français. Pour la grande majorité, l'avenir est sombre. « Il faut agir vite avant que ça ne se dégrade. A moins qu'on ne préfère la gangrène... », dit brutalement Mme F. Les Français à la recherche d'un consensus craignent d'avoir été superficiellement, informés et, artificiellement divisés autant par les hommes politiques que par les médias.

Pourtant, ils témoignent d'une aptitude à s'ouvrir à la complexité d'une question qui ne se réglera pas à coups de décrets arbitraires ou de solutions à la va-vite. « Il n'y a pas de bonne solution, sinon on la connaîtrait déjà », disent-ils. Plus soucieux de pragmatisme que d'idéologie, ils souhaitent une information objective et non partisane. Ils manifestent le désir d'approfondir le débat, d'avoir la possibilité d'exprimer les mille et une facettes des difficultés quotidiennes de cohabitation avec les immigrés d'origine maghrébine ou africaine.

Cette volonté de comprendre et d'être écouté s'accompagne cependant souvent de contradictions plus ou moins affirmées, de dérobades souvent manifestes devant les points sensibles qui dérangent la conscience, témoignant ainsi d'une certaine vulnérabilité. A terme, on peut même craindre des manipulations faciles.

Dans leurs rapports avec les immigrés, les Français se sentent concernés dans leur intimité quotidienne. Les habituels clivages politiques, sociaux et culturels ne correspondent pas ici à la réalité. Et les solutions possibles ne peuvent pas s'exprimer dans le cadre des schémas traditionnels. Dès lors, une éventuelle mobilisation sur cette question ne peut emprunter que des chemins radicalement nouveaux. Il faut oublier les discours partisans et protectionnistes. Il faut tourner le dos aux slogans réducteurs comme à la faiblesse du laisser-aller.

NI RACISME, NI LAXISME

Voilà donc ce que disent, pensent, ressentent les Français à propos des immigrés.

Paroles passionnées, sentiments d'inquiétude, impressions de divisions cohabitent avec la volonté de comprendre, le souci d'être tolérant, le désir d'ouverture.

Ces inquiétudes, ces contradictions, il nous appartient de les prendre en compte pour proposer une politique de l'immigration qui rassemble.

Cet ouvrage se veut d'abord un tableau de la réalité vécue au quotidien par les Français. C'est pourquoi, on ne sera pas surpris de ne pas trouver ici des solutions à la question de l'immigration.

Cependant, et en guise de conclusion, je souhaitais esquisser trois scénarios, trois scénarios que l'on peut envisager pour changer l'évolution des rapports entre les Français et les immigrés.

PREMIER SCÉNARIO : TOUS DEHORS !

Face à l'accentuation de la crise économique et à la montée de l'insécurité, sans oublier l'écho parfois terroriste des conflits dans le monde, on a vu naître des appels à l'expulsion des étrangers perçus comme boucs émissaires. Passons sur des amalgames conduisant à ignorer que l'immigration recouvre des réalités très contradictoires et des personnes issues de près de 150 nationalités différentes. A coup de slogans aux consonances inquiétantes, on voudrait effacer les difficultés par la répression. Et l'on avance des arguments dont la démagogie n'a d'égale que l'irréalisme : le départ de tous les étrangers du territoire national libérerait presque immédiatement des emplois et favoriserait le retour à l'ordre social. Sans compter que ce genre de thématique est étayé par des statistiques recouvrant le plus souvent des données complètement disparates. Difficile de ne pas voir poindre là un discours de type xénophobe ou raciste. Le danger c'est l'autre qui « mange notre pain » ; donc, gommons l'autre et le danger avec. Ce comportement non seulement n'est pas conforme à la tradition nationale d'accueil et d'enrichissement constructif par un travail en commun ; et surtout, il ne peut conduire qu'aux pires dérives condamnées par l'histoire.

DEUXIÈME SCÉNARIO : LAISSONS FAIRE !

Il existe une attitude inverse, apparemment beaucoup moins brutale, mais qui en définitive contribue à attiser les violences. Dans ce scénario, et pour résumer, on ne dit pas « expulsons les immigrés », mais « expulsons cette question ». En d'autres termes, le seul fait d'envisager un nouveau type de rapports entre la France et les immigrés est considéré comme une démarche à connotation vaguement raciste. A partir de là, toute action devient par essence impossible, et la seule issue, nous affirme-t-on, c'est de ne rien faire, sauf de laisser notre société et notre culture s'ouvrir aux apports extérieurs en oubliant les excès. Cette politique conduit, notamment, à fermer les yeux sur l'immigration clandestine et à convertir ainsi en droit le fait accompli. Mais cette crainte d'affronter la réalité, autrement dit cette politique de l'autruche, ne risque-t-elle pas d'accentuer ce qu'elle entend combattre, le racisme ? D'autant plus que l'on ne se contente pas de laisser la situation telle quelle. On veut aussi l'infléchir en imposant par exemple le droit de vote automatique des immigrés aux élections. Les bonnes intentions ne conduisent-elles pas, sinon en enfer, du moins aux portes d'affrontements ?

TROISIÈME SCÉNARIO : NI RACISME, NI LAXISME

Reste alors un troisième scénario qui repose d'abord sur l'affirmation sans ambiguïté du respect absolu de la dignité humaine. Par ses traditions culturelles et historiques, la France se doit de passer un contrat moral avec les immigrés qui le veulent.

Mais les droits et les devoirs ne prennent leur valeur que s'ils sont réciproques. En ce sens, le rejet du racisme passe par un refus du laxisme. Il est donc nécessaire de maîtriser les flux migratoires, sans masquer quelques-unes des conséquences directes de cette détermination. Ainsi peut-on se poser cette question : certains employeurs n'ont-ils pas eu, en raison de notre système de protection sociale, intérêt à favoriser l'immigration clandestine ? De même peut-on se demander : n'y a-t-il pas une grave irresponsabilité à ne pas vouloir limiter l'arrivée en France de faux étudiants et de faux réfugiés politiques ? L'autorisation de séjour liée à l'existence d'un emploi, l'application stricte de la charte de Genève, la création d'un office central de l'immigration, le retour au système efficace du visa, les contrôles aux frontières à l'aide de systèmes informatiques : voilà quelques-unes des mesures qui permettraient de sortir de l'impasse. Plus généralement, il est nécessaire d'engager une réforme du code de la nationalité tout en instituant une politique de retour pour ceux qui le souhaitent, respectant les intérêts moraux et matériels des uns et des autres. Cela suppose, il va de soi, un réexamen de notre politique de coopération en n'oubliant jamais les principes de la justice humaine.

C'est bien sûr ce scénario que je propose de retenir car c'est le seul qui soit à la fois acceptable en théorie et vivable en pratique.

Ni racisme, ni laxisme, c'est ce projet que je développerai prochainement et qui aura pour ambition de rassembler les Français. A cet égard, écouter les Français parler des immigrés m'a beaucoup appris et m'a conforté dans ce que je croyais : on ne peut enrichir sa réflexion sans connaître le terrain, partager les préoccupations des Français, dialoguer, écouter. Bref, sans vivre la réalité au quotidien avec eux.

ANNEXES

C'est en donnant la parole aux Français et en les écoutant, que cet ouvrage a pu être réalisé.

Une enquête qualitative a cependant été confiée par l'auteur à la COFREMCA qui a procédé à des entretiens de longue durée et à des réunions de groupes.

Les chiffres cités tout au long de cet ouvrage ont été puisés dans le rapport « 3 S C » 1985, enquête menée chaque année par la COFREMCA sur un échantillon représentatif de 2 500 Français de 15 ans et plus.

ANNEXE N° 1

Voici un certain nombre de choses que l'on peut parfois observer aujourd'hui dans notre pays.

Voulez-vous me dire à propos de chacune d'entre elles, si elle vous paraît assez normale ou inévitable, si elle vous choque sans vous révolter ou si elle vous révolte ?

	Assez normal inévitable	Choque sans révolter	Révolte	Sans réponse
• Qu'à force de tout prévoir et de tout organiser on ne laisse plus guère d'initiatives ou de liberté aux gens entreprenants	29,6	44,4	21,1	4,8
• Que dans ce pays tout soit décidé et dirigé par l'Etat	31,6	24,7	28,8	4,8
• Qu'il y ait en France plus de deux millions de chômeurs	11,2	21,2	64,9	2,8
• Que la violence se développe	11,3	14,1	71,6	2,9
• Que le niveau de vie des Français risque de baisser	24,5	36,7	36,0	2,8
• Que l'avenir soit bouché pour beaucoup de jeunes	15,1	20,5	61,7	2,6
• Que l'enseignement soit mal adapté au monde d'aujourd'hui	14,2	42,8	38,6	4,4
• Que les dirigeants politiques ne sachent pas prendre en compte les besoins du pays	12,1	35,1	47,5	5,3
• Que le racisme se développe en France	31,8	23,5	41,4	3,4
• Que des secteurs entiers de l'industrie et de l'emploi soient condamnés à disparaître	20,8	28,8	46,9	3,4
• Que ceux qui le veulent puissent difficilement créer leur propre entreprise ou se mettre à leur compte	19,1	41,5	35,0	4,3
• Qu'il y ait beaucoup d'immigrés en France alors qu'il n'y a pas assez de travail pour tout le monde	29,0	30,6	36,7	3,6
• Que l'influence de la France dans le monde diminue	33,4	42,7	19,4	4,5

ANNEXE N° 2

Peu importe les conventions et les traditions, je pense que chacun a le droit de vivre à sa façon à condition de ne pas gêner les autres.

Est-ce que cela convient :

	Tout à fait	Assez bien	Un peu	Pas du tout
● 1983	70 %	17 %	9 %	3 %

3SC
Base : 2.500

ANNEXE N° 3

« Il y a trop de désordre dans la société française, il est temps de reprendre les choses en mains »

	1977	1980	1983	1985
● Tout à fait d'accord	41 %	41 %	46 %	40 %
● Plutôt d'accord	35 %	33 %	33 %	33 %
● Plutôt pas d'accord	13 %	14 %	13 %	16 %
● Pas du tout d'accord	6 %	8 %	6 %	9 %

3SC
Base : 2.500

ANNEXE N° 4

La présence d'étrangers appartenant à d'autres cultures est une chance pour la diversité et l'avenir de la France.

	Ensemble %	Sans travail	Retraités	Ménagères	Etudiants	Cadres supérieurs	Cadres moyens	Employés	Ouvriers qualifiés	Autres ouvriers	Artisans	Agriculteurs
● Tout à fait d'accord	15	20	13	12	18	21	23	17	13	11	18	10
● Plutôt d'accord	30	23	26	30	39	34	30	29	30	27	30	24
● Plutôt pas d'accord	30	26	31	32	24	27	28	29	32	36	21	33
● Pas du tout d'accord	23	27	28	23	18	17	19	23	21	24	28	32
● NSP	2	1	2	3	1	1	0	2	4	2	3	1

Total 100 %

3SC 1985
Base : 2.500

ANNEXE N° 5

Je trouve sympathique que des étrangers qui sont installés en France puissent continuer à vivre un peu de la même manière que chez eux.

	1975	1980	1985	1975/1985
● Tout à fait	37 %	35 %	26 %	− 11 %
	61	59	47	− 14
● Assez bien	24 %	24 %	21 %	− 3 %
● Un peu	21 %	23 %	25 %	+ 4 %
	37	39	50	+ 13
● Pas du tout	16 %	16 %	25 %	+ 9 %
● NSP	2 %	2 %	3 %	

3SC
Base : 2.500

ANNEXE N° 6
La présence d'étrangers appartenant à d'autres cultures est une chance pour la diversité et l'avenir de la France.

	Ensemble	Agglomération Parisienne	Plus de 100.000	20.000 à 100.000	Moins de 20.000	Communes rurales
• Tout à fait d'accord	15 ⎫ 45	28 ⎫ 67	14 ⎫ 42	11 ⎫ 42	12 ⎫ 42	13 ⎫ 38
• Plutôt d'accord	30 ⎭	39 ⎭	28 ⎭	31 ⎭	30 ⎭	25 ⎭
• Plutôt pas d'accord	30	18	29	33	31	34
• Pas du tout d'accord	23	12	27	22	26	26
• NSP	2	3	2	3	1	2

Total 100 %

3SC 1985
Base : 2.500

ANNEXE N° 7
La présence d'étrangers appartenant à d'autres cultures est une chance pour la diversité et l'avenir de la France.

	Ensemble %	Hommes	Femmes	15-20 ans	21-28 ans	29-34 ans	35-49 ans	50-64 ans	65 ans et +	Primaire	BEPC	Bac.	Supérieur
• Tout à fait d'accord	15	14	16	18	16	19	17	11	14	12	12	19	23
• Plutôt d'accord	30	29	31	36	28	36	30	28	26	25	28	34	37
• Plutôt pas d'accord	30	29	30	24	30	28	31	30	32	32	33	24	24
• Pas du tout d'accord	23	26	21	22	24	16	19	28	26	29	24	22	13
• NSP	2	2	2	0	2	1	3	3	2	2	3	1	3

Sous-totaux : Ensemble 45 / 53 — 15-20 : 54 / 46 — 21-28 : 44 — 29-34 : 55 — 35-49 : 47 — 50-64 : 39 — 65 ans et + : 40 / 58

Total 100 %

2SC 1985
Base : 2.500

ANNEXE N° 8

	Tout à fait d'accord en %		Plutôt d'accord en %		Total en %	
	1983	1985	1983	1985	1983	1985
• « Ça m'intéresse plus de comprendre comment évolue notre société que de prendre parti pour le capitalisme, le socialisme ou tout autre régime social »	48	49	21	22	69	71
• « Peu m'importe qu'un gouvernement soit de droite ou de gauche s'il sait tenir compte de ce qui se passe »	48	46	21	23	69	69
• « Je me sens de plus en plus éloigné des grands partis politiques qui tournent en rond sans s'intéresser aux vrais problèmes »	55	55	16	18	71	73
• « Je me sens de plus en plus éloigné des grands syndicats qui s'intéressent plus à la politique nationale qu'aux problèmes des travailleurs dans leurs entreprises »	60	60	11	16	74	76

TABLE DES MATIÈRES

CHEZ LE MEME EDITEUR

ESSAIS

LA CITE ANTIQUE
de Fustel de Coulanges

LA REFORME INTELLECTUELLE ET MORALE
par Ernest Renan

LE POUVOIR MILITAIRE EN FRANCE (2 Tomes)
par Pierre Ordioni

LE CHEF D'ETAT AFRICAIN
par Bernard Asso

LA PRESSE ANTISEMITE EN URSS
par Georges Aranyossi

LE PETIT NAZI ILLUSTRE
par Pascal Ory

SOULEVEMENT POPULAIRE A ROMANS
par E. Leroy-Ladurie

CES JEUNES QUI FERONT L'AN 2000
par Henri Amouroux

AVANT LA BOMBE, LA DEFENSE CIVILE NUCLEAIRE
par Michel Maurice-Bokanowski

HISTOIRE

LE MARECHAL DE CASTRIES
par le Duc de Castries

TURGOT ou LE MYTHE DES REFORMES
par Lucien Laugier

LOUIS XIV
par Jacques Dinfreville

Monsieur de **BUONAPARTE**
par Xavier Versini

AINSI VIVAIENT LES FRANCAIS
par Armel de Wismes

LES ELECTIONS A L'EPOQUE NAPOLEONNIENNE
par Jean-Yves Coppolani

LES GRANDS DISCOURS DE L'HISTOIRE DE FRANCE
présentés par Henri Brumfeld

MADAME DE POMPADOUR
par Jean Nicolle

LES GRANDES FAMILLES DE L'HISTOIRE DE FRANCE
par Arnaud Chaffanjon

DICTIONNAIRE DES CHANTEURS DE L'OPERA
par Jean Gourret

DERNIERS JOURS DU FASCISME EN EUROPE
par Jacques de Launay

TEMOIGNAGES

DANS L'INTIMITE FRANCO-ALLEMANDE
par François Seydoux

LA REVOLTE D'ISRAEL
par Menahem Begin

LES NUITS BLANCHES
par Menahem Begin

Achevé d'imprimer
en novembre 1985
sur les presses
de l'Imprimerie Littéraire
MICHEL FRICKER
16, avenue de l'Aéroport
66240 Saint-Estève

Dépôt légal 4ᵉ trimestre 1985